Mari Carmen España

# Final del silencio

Martin Jönsson, Carl Pontus
Hjorthén

# Mari Carmen España
# Final del silencio

Edición preparada por
Silvia Vega Ordóñez

Ernst Klett Sprachen
Stuttgart

**Martin Jönsson, Carl Pontus Hjorthén**

# Mari Carmen España
# Final del silencio

**Edición preparada por Silvia Vega Ordóñez**

1. Auflage 1 5 4 3 2 1 | 2024 23 22 21 20


www.klett-sprachen.de

Redaktion: Marcelo Rodríguez
Layoutkonzeption: Elmar Feuerbach
Gestaltung und Satz: Satzkasten, Stuttgart
Umschlaggestaltung: Sandra Vrabec
Titelbild: © 2009 Martin Jönsson, Carl Pontus Hjorthén
Druck und Bindung: Medienhaus Plump GmbH,
Rolandsecker Weg 33, 53619 Rheinbreitbach

Printed in Germany

ISBN 978-3-12-535627-6

# Índice



## Kostenloser Filmdownload

Klett-Augmented-App kostenlos downloaden und öffnen

Bilderkennung starten und Seite mit **diesem Symbol** scannen

Film laden, direkt nutzen oder speichern

# Prólogo

Un encendido debate sobre el periodo de la guerra civil española y de la postguerra vivida durante la dictadura de Franco se ha desencadenado actualmente en España. La época en cuestión es una parte fundamental de la historia reciente del país, una historia que aún no ha cerrado las heridas abiertas del pasado y que además de estar en boca de todo el mundo ocupa un lugar destacado e irreemplazable en los planes de estudios en escuelas e institutos.

El hecho de que el debate público surja con tanta virulencia en nuestros días se debe a que durante treinta años hubo en la sociedad española un pacto que no fue proclamado pero sí aceptado y compartido por toda ella, un pacto de silencio. Este pacto consistía en no hablar sobre las víctimas de la Guerra Civil pertenecientes al bando republicano, así como tampoco de aquellas de la dictadura de Franco, y en no perseguir a los culpables, a los ejecutores de estos hechos. El pacto fue incluso legitimado por medio de la Ley de Amnistía de 1977 y constituyó el precio a pagar para que el paso de una dictadura a una democracia tras la muerte de Franco en 1975 se llevara a cabo de una forma pacífica y sin sangre. Pero muchos capítulos de la historia no se pueden borrar ni aniquilar como si no hubieran existido. Hoy en día han pasado más de 70 años desde el fin de la guerra civil española y ya casi no quedan testigos vivos de aquel tiempo. Son sin embargo las generaciones de los nietos quienes toman el relevo, se atreven a hacer preguntas y a sacar a la luz el pasado que se quiso olvidar.

Teniendo en cuenta este transfondo sociopolítico, una película como la que aquí se presenta, *Mari Carmen España – Final del silencio*, atesora un lugar especial dentro de la colección *Cinemateca*, no solamente por tratarse del primer documental de la serie, sino también y por sobre todo gracias a la temática que trata, la Memoria Histórica española. En contra de lo que comúnmente se cree, un documental requiere de un guion, que aun no siendo tan exacto como en los largo o cortometrajes, también es fundamental para la ejecución de un trabajo que en ningún caso es resultado de la improvisación aunque en ocasiones así lo parezca. Existe por tanto detrás un trabajo de investigación, localización, de preparación de los personajes y, por supuesto, la tarea final de reescritura del guion cuando se realiza el montaje. Todo ello, junto con el hecho de que el tema esté tan en boga, son las causas que dan pleno sentido a la publicación del guion de *Mari Carmen España.*

Una prelectura del texto anterior al visionado nos facilita la comprensión de las imágenes, de la historia y del mensaje que nos quieren hacer llegar los autores, pudiendo así resolver al ver la película las incógnitas surgidas en la lectura. Para ello es necesario saber cómo se lee un guion y conocer las convenciones tipográficas que respetamos en la presente edición: Lo que dicen los "personajes" se representa en imprenta, las acciones (p. ej. movimientos) en cursiva, las voces que provienen de la radio o la TV entre comillas. Habrá que tener en cuenta estas convenciones para lograr una mejor comprensión del texto y así lograr imaginarnos más fácilmente el desarrollo de la acción.

*Mari Carmen España – Final del silencio* está narrada desde la mirada de dos suecos, Pontus y Martin, que viajan por España para encontrarse con personas que no quieren seguir callando y que desean romper el pacto de silencio para poder rendir homenaje a sus parientes muertos. Se encuentran con una mujer, Mari Carmen España, que está luchando por darle un descanso digno a su abuelo, muerto en 1936 al comienzo de la Guerra Civil a manos de los nacionalistas. Ella sabe con casi plena seguridad dónde yacen los restos de su abuelo, entre basura y escombros, en el cementerio.

Ahora solo necesita que el cuerpo de su abuelo sea exhumado e identificado y así poder de una vez zanjar la búsqueda después de tanto tiempo.

Para los jóvenes en el aula de español, pero también para los adultos, este documental es una forma de conocer la historia reciente de España desde el punto de vista humano. El factor humano hace identificarse y comprender mejor la realidad de esta época y el por qué hasta hoy en día esta parte de ella había seguido siendo un tabú. Además de entender cómo se viven actualmente las secuelas de una sangrienta guerra y de una no menos difícil dictadura, se plantean interesantes puntos de vista sobre la interpretación y la vivencia de un mismo suceso. ¿Cómo se vivieron estos acontecimientos en España y cómo era vista la dictadura fuera de sus fronteras? Pontus y Martin se acercan a esta temática desde un enfoque diferente al dado en tantos otros documentales que sobre el tema se han producido. Ellos han vivido este periodo de la historia de España en su infancia, entrecruzándose así durante la filmación recuerdos de aquel tiempo con la realidad de hoy.

En 2007, después de años de discusiones encendidas, el PSOE (Partido Socialista Español) aprobó la *Ley de Memoria Histórica*, en la que se le da poder a las poblaciones y a las comunidades para apoyar e impulsar la localización de las fosas comunes y llevar a cabo las exhumaciones de los cuerpos allí hallados. Después de tanta lucha, los familiares de los desaparecidos no dan crédito a la posibilidad de conseguir enterrar a sus muertos, a descansar tras tantos años de incertidumbre entre generaciones. Pero al parecer puede convertirse en una realidad, al fin, rendir homenaje no solo a sus abuelos, sino también a sus padres, quienes vivieron en la ausencia de sus seres más queridos.

*Mari Carmen España – Final del silencio* es un documental sobre el país que representa el destino vacacional número uno para los alemanes y para turistas de muchas otras nacionalidades y en el que, además de disfrutarse del sol, de las playas y de la buena comida, paralelamente existe una historia que no se aprecia a simple vista, una historia que tiene muchas similitudes con la historia alemana, la que también necesitó largo tiempo para quedar en paz con su pasado y cerrar uno de sus capítulos más trágicos.

*Silvia Vega Ordóñez*

## Nota preliminar sobre las variedades del español en el documental *Mari Carmen España*

El documental *Mari Carmen España – Final del silencio* contiene una variedad de acentos dignos de mención. El recorrido que se hace por la geografía española permite comparar la riqueza y variedad lingüística del país de norte a sur.

Entre los ejemplos de los acentos, partiendo del norte, se escuchan diferentes personas de Lerma (Burgos) y respecto al centro peninsular se aprecia el madrileño del padre Abad. En ambos casos la pronunciación es más cercana a la escritura que en las variedades del español que oímos posteriormente. En dirección sur las diferencias entre el español hablado y escrito se hacen notorias. En Andalucía hay muchos acentos diferentes, pero normalmente las eses finales no se pronuncian o se aspiran. Respecto a este punto existen muchos ejemplos en la película: el maestro Manuel Velasco de Sevilla, en cuya pronunciación se aprecia, además de la ausencia del sonido [s] al final de palabra, la realización de [s] en lugar de [θ]; en la pronunciación del nieto del alcalde fusilado Antonio Cadenas tiene lugar el cambio consonántico inverso de [θ] en lugar de [s]. Asimismo, en Andalucía la [r] en medio de palabra se pronuncia en algunos casos como [l], desapareciendo por completo al final de palabra.

# Mari Carmen España

# Final del silencio

# TUSSILAGO

1

# SVERIGES TELEVISION

# WESTDEUTSCHER RUNDFUNK

presentan

*MARTIN y PONTUS (directores de la película) conocen a MARI CARMEN España en el cementerio de la Puebla de Cazalla en el sur de España.*

MARTIN
Voy a preguntarte otra vez, con la cámara...

MARI CARMEN
Sí.

MARTIN
¿Tú sabes quién ha matado a tu abuelo?

MARI CARMEN
Sí.

MARTIN
¿Sí?

MARI CARMEN
Sí, con nombre y apellidos, y de la familia que son.

*Imágenes en cámara rápida de MARTIN y PONTUS en coche. A un costado de la ruta se ve un bosque de coníferas.*

*Imágenes de TV: OLOF PALME denuncia la dictadura de Franco en 1975 (en sueco)*

6 **un cementerio** lugar donde se *entierra* (begraben) a los muertos – 6 **La Puebla de Cazalla** pueblo de la provincia de Sevilla, Andalucía – 13 **ha matado** mató – 13 **matar** quitar o dejar sin vida a up – 21 **un costado** lado – 21 **una conífera** árbol con hojas todo el año – 22 **Olof Palme** (1927-1986) dos veces Primer Ministro de Suecia (1969-1976) y (1982-1986) – 22 **denunciar** decir públicamente que uc es ilegal o incorrecta – 23 **Franco,** *Francisco* (1892-1975) general militar y dictador español desde 1939 hasta su muerte

OLOF PALME *(en sueco)*
"Lo increíble es que esto pueda continuar, que estos asesinos del diablo puedan seguir..."

*Imágenes de archivo: Francisco Franco haciendo el saludo fascista. Una multitud de mujeres de la Falange Española marchando y respondiéndole el saludo con la palma de la mano levantanda.*

*Nuevamente imágenes de un bosque en cámara rápida.*

*MARI CARMEN en el cementerio. Hay muchos escombros en el suelo y se alcanza a ver la base de una cruz negra.*

MARI CARMEN
España está salpicada de... toda su tierra está salpicada de estas fosas. La democracia se ha construido bajo estos pilares. Entonces estamos viviendo en una mentira, me parece a mí, ¿no?

*Imágenes de TV: Parlamento español 1981, intento de golpe de Estado del TENIENTE CORONEL TEJERO.*

TENIENTE CORONEL TEJERO
"¡Quieto todo el mundo! ¡No intentes tocar la cámara que te mato!"

*Nuevamente imágenes en cámara rápida del coche de MARTIN y PONTUS pasando por un bosque.*

2 **un asesino** up que ha matado a up – 3 **un diablo** satán – 5 **fascista** relativo al *fascismo* (régimen político de ideología dictatorial derechista) – 5 **una multitud** gran cantidad – 6 **marchar** ir o caminar con cierto orden y ritmo – 6 **la palma** *de la mano* parte inferior y cóncava – 9 **un escombro** restos de una construcción – 10 **alcanzarse a + inf** poder llegar a – 12 **salpicado** *aquí:* repartido por un lugar – 13 **una fosa** *común* lugar donde se entierra a muertos normalmente sin identificar – 13 **un pilar** base para construir o hacer uc – 14 **una mentira** ≠ verdad – 16 **un intento** Versuch – 16 **un golpe de Estado** toma del gobierno por un grupo con violencia (Staatsstreich) – 17 **El teniente coronel Tejero,** *Antonio* (1932) militar y líder del golpe de Estado, sin éxito, del 23 de febrero de 1981 – 19 *quedarse* **quieto** no moverse – 19 **intentar** → intento – 19 **tocar** *aquí:* berühren

# CRÉDITOS INICIALES:

## Una película de
## Martin Jönsson y Pontus Hjorthén

*Imágenes tomadas desde un avión de un cielo azul con nubes blancas. Se oye la voz de una azafata anunciando el aterrizaje del avión.*

*Imágenes de TV: Manifestación contra la dictadura de Franco, Varberg, Suecia 1975*

MANIFESTANTES EN LA CALLE
¡Franco - Asesino! ¡Franco - Asesino!

MARTIN *(OFF)*
En 1975 participé en la primera manifestación de mi vida. Tenía 8 años. En la mano tengo un papel con dos palabras (Franco asesino). Tortura, ejecuciones, fascismo. Eran muchas las cosas que no entendía. Pero una cosa quedó grabada en mi cabeza para siempre: Franco era el demonio en persona.

*Imágenes de TV : Franco, España 1975.*

*MARTIN en el avión leyendo el libro "The Spanish Civil War" de Paul Preston.*

*El avión está llegando al aeropuerto de Málaga.*

VOZ DE LA AZAFATA *(en sueco)*
Bienvenidos a Málaga...

1 **los créditos iniciales** *mp* nombres de quienes han participado en una película – 5 **una voz** sonido que produce up al hablar – 5 **un azafato** up que da servicio a los viajeros *p ej* de un avión – 5 **anunciar** dar a conocer uc que va a pasar en el futuro – 5 **un aterrizaje** toma de tierra de un avión – 7 **una manifestación** protesta pública de gente en contra de uc o up (Demonstration) – 8 **Varberg** ciudad en la región de Halland, Suecia – 9 **un manifestante** up que participa en una manifestación – 14 **una ejecución** acto de matar a up – 15 *quedar* **grabado** fijo, ≠ olvidado – 16 **una cabeza** parte superior del cuerpo *aquí:* memoria – 16 *ser* **el demonio en persona** *fig* diablo, up muy malo – 18 **The Spanish Civil War** *ingl* la guerra civil española – 20 **Málaga** ciudad andaluza situada en la costa del Mar Mediterráneo

MARTIN *(OFF)*
Han pasado más de 30 años desde que Franco murió, pero es como si nunca hubiera desaparecido del todo.

*Archivo: España años 30 y 1975. Franco saluda a otros militares.*

MARTIN *(OFF)*
Porque cuando murió los españoles decidieron no hablar de todo el sufrimiento que él había causado. España nunca ajustó las cuentas con su pasado fascista. Y ahora han pasado treinta años de silencio.
He aprendido que incluso tiene un nombre: "El pacto de silencio".

*MARTIN en el aeropuerto de Málaga preparando todo para la filmación del documental.*

MARTIN *(OFF)*
No sé exactamente cómo funciona la cámara. No hablo muy bien el español.
Y la única pista que tengo es el nombre de una mujer que quiere romper el pacto de silencio:

Mari Carmen España.

3 **desaparecer** irse, no estar (verschwinden) – 7 **un sufrimiento** pena, tristeza, dolor – 7 **causar** hacer, producir – 7 **ajustar las cuentas con uc o up** abrechnen – 10 **incluso** sogar – 13 **una filmación** grabación de imágenes (Aufnahme) – 17 **una pista** Spur – 18 **romper** *el pacto* no cumplir (brechen)

# CRÉDITOS INICIALES (continuación):

# MARI CARMEN ESPAÑA FINAL DEL SILENCIO

## Capítulo 1 Llegada a España

*El coche llega a Granada.*

MARTIN *(OFF)*
Empiezo por ir a visitar a mi amigo Pontus que vive en Granada.

*Las imágenes que toma el coche se intercalan con imágenes de los años 60 de mucha gente en la calle viendo pasar a Francisco Franco, así como de un retrato tamaño gigante del dictador.*

PONTUS *(en sueco)*
Tienes algo para…

MARTIN *(en sueco)*
¿Está sucia?

PONTUS *(en sueco)*
No, no parece sucio.

MARTIN *(OFF)*
Él sabe todavía menos cómo funciona la cámara, pero habla muy bien el español. Vino a vivir aquí hace 10 años para escribir libros, pero se ha ganado la vida restaurando casas. Y ha prometido ayudarme con la lengua.

11 **intercalarse** poner up entre otras cosas – 13 **un retrato** fotografía o pintura de up – 23 **ganarse** la vida *obtener* (bekommen) dinero para vivir – 24 **prometer** versprechen

*MARTIN y PONTUS viajando en la carretera.*

PONTUS *(en sueco)*
¿Está bien así?

MARTIN *(en sueco)*
Sí.

PONTUS *(en sueco)*
¿Estamos filmando?

MARTIN *(en sueco)*
Sí.

PONTUS *(en sueco)*
¡Ahora estamos filmando!

*PONTUS marca un número de teléfono y espera a que lo atiendan. Luego de un breve instante se oye la voz de una mujer joven.*

MARI CARMEN
Dígame.

PONTUS
Sí, hola. ¿Hablo con... con Mari Carmen España, por favor?

MARI CARMEN
Sí.

PONTUS
Hola, mi nombre es Pontus. Ehh... mire, yo... ehh... viajo con un amigo mío, un periodista sueco, que quiere hacer...eh... quisiera encontrarte y hacer una entrevista. ¿Es posible?

MARTIN *(OFF)*
Yo y Pontus éramos niños en los años setenta, cuando Olof Palme era nuestro primer ministro y los programas infantiles nos enseñaban quiénes eran los buenos y los malos.

1 **una carretera** camino o calle para los coches – 7 **filmar** registrar sonidos e imágenes (drehen) – 13 **atender** *aquí:* responder, coger la llamada – 13 **breve** corto – 13 **un instante** momento corto – 23 **un periodista** up que escribe *p ej* para un periódico

*Imágenes de Lördax, programa infantil de SVT, televisión sueca, 1975.*

*Una mujer entrevista a unos niños en la calle.*

MUJER *(en sueco)*
¿Qué sabes de España?

NIÑO *(en sueco)*
¿Qué sé de España? Que Franco ha matado a algunos…

*Imágenes de una presentadora del programa de TV infantil.*

PRESENTADORA *(en sueco)*
Hace casi cuarenta años Franco lideró un golpe militar. Estalló una guerra civil. Por un lado: las tropas del gobierno, los que intentaban defender la España libre. Les podemos llamar el lado rojo. Por el otro lado Franco y sus generales; los militares que querían oprimir al pueblo español: el lado negro. "Dictador" significa que era él quien decidía todo en España…

*PONTUS y MARTIN riéndose en el coche. Carretera llegando al cementerio de La Puebla de Cazalla, Andalucía.*

MARTIN *(OFF)*
Ahora nos reímos de cómo eran los programas infantiles progres en los setenta. Pero cuando yo lo veía hace 30 años no me reía en absoluto. Mi hermano mayor me había contado en detalle como se mataba a la gente en la España de Franco. Y me obsesioné con la guerra civil española.

*MARTIN y PONTUS llegan al Cementerio Puebla de Cazalla.*

1 **SVT** televisión sueca – 10 **liderar** guiar, dirigir (→ líder) – 10 **un golpe militar** golpe de Estado dado por los militares – 10 **estallar** *aquí:* comenzar, empezar – 11 **una guerra civil** guerra entre la gente de un mismo país – 12 **defender** proteger, ≠ atacar – 14 **oprimir** dominar a up quitándole libertad (unterdrücken) – 14 **un pueblo** personas de un lugar, región o país – 16 **reírse de uc** lachen über – 20 **progre** *coloq* progresista; con ideas modernas – 23 **obsesionarse con uc** no poder dejar de pensar en uc todo el tiempo

2

## Capítulo 2
## Encuentro con Mari Carmen

MARTIN *(OFF)*
Nos encontramos con Mari Carmen en un cementerio en el sur de España.

MARI CARMEN
¡Qué vergüenza….!

MARTIN *(OFF)*
Ella acaba de saber qué pasó con su abuelo aquí hace 70 años.

MARTIN
Vamos…

*MARI CARMEN, MARTIN y PONTUS llegan a una parte del cementerio donde hay una tumba pintada de blanco con una cruz grande de color negro. Unos metros más allá hay una parte del cementerio que se ve abandonada, con escombros acumulados.*

MARI CARMEN *(señalando la parte donde están los escombros)*
Yo pienso que pilla toda esa parte de allí, a todo lo largo. Y mira. Esto es la vieja tapia. Supongo que aquí estaría la zanja abierta,y entonces pues los mataban aquí. Mi abuelo dice que el camión paró allí, y, pues, supongo ya que los pondrían para matarlos… y salió corriendo por encima de los… de los … de los nichos, y le pegó un tiro, supongo que por detrás, y lo mató. Ahí.

5 **una vergüenza** sentimiento producido por uc mala o poco ética (Schamgefühl) – 7 **acabar de + inf** acción de uc que ha pasado poco antes – 11 **una tumba** *agujero* (Loch) en la tierra donde se pone a los muertos – 14 **acumulado** agrupado en cantidad (angehäuft) – 15 **señalar** mostrar – 16 **pillar** *coloq* coger (*Esp)*, tomar – 17 **una tapia** pared – 17 **suponer** creer uc sin estar seguro – 17 **una zanja** agujero largo y estrecho en la tierra – 19 **un camión** vehículo grande para transportar uc pesada – 19 **parar** ≠ moverse – 21 **un nicho** agujero en la pared de un cementerio para los muertos – 21 **pegar** *un tiro* disparar (schießen) – 21 **un tiro** Schuss

*Imágenes en blanco y negro de fusilados durante la Guerra Civil tirados en el suelo. En el paredón se ven las marcas de las balas.*

*MARI CARMEN, PONTUS y MARTIN dan unas vueltas por esa parte abandonada de cementerio donde se fusilaba a los prisioneros. MARI CARMEN llega hasta una de las paredes, debajo de un árbol, y la toca.*

MARTIN
¿Tú sabes quién ha matado a tu abuelo?

MARI CARMEN
Sí.

MARTIN
¿Sí?

MARI CARMEN
Sí, con nombre y apellidos, y de la familia que son. Mi padre lo sabía también. España está salpicada de... toda su tierra está salpicada de estas fosas. Aquí esta está dentro del cementerio. La democracia se ha construido bajo estos pilares. Entonces estamos viviendo en una mentira, me parece a mí, ¿no? Porque antes está nuestra vergüenza, y sacar a estas personas de aquí, que están enterradas como si fueran escombros, ¿no? Yo lo que quiero son las pruebas de ADN, y saber... y saber quién... qué.... quién era.

MARTIN *(OFF)*
Es aquí mismo que me imagino de qué va a tratar mi película: Voy a ayudar a Mari Carmen a abrir la fosa de su abuelo... para que ella pueda llevarlo a la tumba familiar de su pueblo, Lantejuela. Por aquí nadie ha hecho lo que pretende Mari

1 **un fusilado** up sin libertad asesinada con un *arma* (Waffe) – 2 **tirado** *aquí:* tumbado, echado en el suelo – 2 **un paredón** muro o pared – 2 **una bala** objeto de metal que sale de una pistola (Gewehrkugel) – 3 **dar una vuelta** paseo breve o corto – 4 **fusilar** asesinar, matar a up – 5 **un prisionero** up sin libertad – 20 **enterrado** bajo tierra (→ enterrar) – 21 **una prueba de ADN** prueba para conocer el origen genético (DNA) – 24 **tratar de uc** hablar de (sich handeln um) – 27 **Lantejuela** pueblo de la provincia de Sevilla – 27 **pretender** intentar, querer uc

Carmen. “Es imposible”, dice Pontus. No lo va a conseguir. Y dice que me va a enseñar por qué.

*PONTUS se va caminando.*

MARTIN *(OFF)*
Parece un poco indiferente, quizás ha vivido demasiados años en España.

*MARTIN y PONTUS nuevamente en el coche, van por una carretera.*

PONTUS *(en sueco)*
¿Cómo que indiferente…? No entiendes cómo funcionan las cosas por aquí. No se toca a estas cosas por aquí. No exhumarán nunca. Tú has leído demasiados libros, Martin. ¡Eres un friki de las guerras!

*MARTIN y PONTUS se bajan del coche. Paisaje con cielo azul y tres pequeños molinos de viento en el fondo.*

MARTIN *(OFF)*
“Romántico” me llama. Puede que sea verdad que me he obsesionado un poco con la guerra civil española…

*Imágenes de brigadistas ancianos en un paisaje campestre con puesta de sol.*

*Imágenes de un reportaje de TV4 de Suecia de 1986 sobre los voluntarios suecos que habían luchado contra Franco en la guerra civil española.*

MARTIN *(OFF)*
… y aquel viaje que hice a España hace diez años con los brigadistas suecos…

1 **conseguir** alcanzar, lograr – 5 **indiferente** que no es importante, que da igual – 13 **un friki** *ingl* freak; *coloq* extraño, raro, fanático – 14 **un paisaje** terreno que se ve desde un lugar (Landschaft) – 15 **un molino** Mühle – 19 **un brigadista** up que *lucha* (kämpfen) libremente por una causa polítca – 19 **un anciano** up de mucha edad – 19 **campestre** de campo – 22 **un voluntario** up que hace uc libremente

No lo olvidaré nunca. La amistad. Las trincheras. Y la puesta de sol en el campo de batalla. Yo era uno de ellos. ¡Pero no soy ningún romántico de la guerra!
¿Pero y aquella boina que compré, igual a la que ellos solían llevar? La compré para parecerme a ellos.

*PONTUS y MARTIN de vuelta en el coche en la carretera.*

MARTIN *(OFF)*
No le cuento nada a Pontus sobre la boina.

## Capítulo 3 3
## La cruz más grande del mundo

*En la catedral de Granada.*

MARTIN *(OFF)*
De vuelta en Granada, me enseña la catedral. El yugo y las flechas, el símbolo de los fascistas. ¡En una iglesia!

*En la plaza Bibataubin de Granada.*

MARTIN *(OFF)*
Y un monumento dedicado al fundador del Partido Fascista en el centro de la ciudad. Me parece completamente enfermo. Pero Pontus dice: "Tú espera…". Me va a mostrar un lugar cerca de Madrid.

*Carretera, llegando al Valle de los Caídos. Se van acercando a una parte donde hay una gran cruz.*

PONTUS *(en sueco)*
Mira, ya se ve.

1 **una trinchera** zanja para protegerse de los soldados – 2 **un campo de batalla** lugar donde se lucha – 2 **una batalla** lucha – 4 **una boina** gorro de tipo vasco – 4 **soler** hacer uc normalmente – 11 **Granada** ciudad turística andaluza famosa por sus monumentos como la Alhambra – 13 **el yugo y las flechas** símbolo del franquismo procedente del tiempo de los Reyes Católicos ***yugo*** (Joch) instrumento para trabajar la tierra *aquí:* representa la agricultura y las ***flechas*** (Pfeil) *aquí:* representa la guerra – 14 **un fascista** seguidor de la doctrina totalitaria *aquí:* de Franco – 17 **dedicado** hecho para recordar a up – 17 **un fundador** creador, up que comienza uc – 17 **un partido** *político* grupo de personas con los mismos ideales

MARTIN *(en sueco)*
Dios mío, es inmenso.

*Pasan con el coche por delante de la cruz.*

PONTUS *(en sueco)*
Es la cruz más grande del mundo, mide 150 metros.

*Valle de los Caídos, explanada, escultura, la cruz inmensa en primer plano.*

*Luego PONTUS y MARTIN en la cripta.*

PONTUS *(en sueco)*
No se puede filmar aquí. ¿Estás filmando?

MARTIN *(en sueco)*
Sí.

PONTUS *(en sueco, hablando bajo)*
Van a hacer la misa…

*Empieza la misa por Franco, dentro de la cripta. La cámara enfoca la tumba de Francisco Franco.*

PONTUS *(en sueco)*
Mira, grábalo. ¿Lo estás filmando? Es el padre abad.

MARTIN *(OFF)*
El hombre que Pontus me señala es el padre abad Don Anselmo Álvarez.
Lleva aquí cincuenta años. Fue elegido personalmente por Franco.

*Cementerio Puebla de Cazalla. Montones de escombros sobre la fosa común donde yace el abuelo de MARI CARMEN.*

5 **medir** tener un tamaño o altura determinada – 6 **una explanada** lugar recto, llano – 8 **una cripta** piso subterráneo de una iglesia – 13 **bajo** *aquí:* leise – 14 **una misa** rito religioso católico – 16 **enfocar** poner la cámara en una dirección para tomar una imagen – 18 **grabar** filmar – 18 **un abad** up más importante en un *monasterio* (Kloster) de hombres – 22 **llevar + tiempo** estar desde hace tiempo en un lugar – 24 **un montón** mucho de uc – 25 **yacer** estar echado *aquí:* el cadáver (ruhen)

MARI CARMEN
Pero, pero.....de todo, ¿eh? Aquí hay de todo: vigas, una escalera, a lo largo de la pared está todo lleno de ladrillos, de trozos de nichos... de nichos rotos, puertas, palets, columnas, pero si tú vieras cómo está esto... Están estas dos criaturas asombradas...

MARTIN
¿Tú tienes fotos de tu abuelo?

MARI CARMEN
Sí. Sí, la tengo. Una foto.

*Fotografía del abuelo de MARI CARMEN, Manuel España, vestido de soldado.*

MARTIN *(OFF)*
No parece muy feliz en aquella única foto. Se la hicieron cuando estaba en el servicio militar. El abuelo de Mari Carmen, una de las muchas víctimas de Franco.

*Imágenes de los años 30, la República Española.*

MARTIN *(OFF)*
Un humilde jornalero de uno de los países más pobres de Europa. Por lo que fue uno de los muchos que se llenaron de esperanza con la llegada de la primera democracia a España: La República.

*Imágenes de la guerra civil española.*

2 **una viga** madera o hierro ancho y largo para *sostener* (halten) los techos (Balken) – 3 **una escalera** Leiter – 3 **un ladrillo** piedra de construcción normalmente de color rojo con agujeros – 4 **un palet** *o palé* plataforma de *tablas* (Bretter) para almacenar y transportar mercancías – 4 **una columna** estructura larga de metal que sirve para sostener techos – 5 **una criatura** *aquí:* chico, joven – 6 **asombrado** sorprendido – 12 **vestido** con ropa – 16 **una víctima** up que muere por causa de otros (Opfer) – 17 **la** *Segunda* **República Española** (1931–1936) Estado democrático y republicano. Terminó con el golpe de Estado anterior a la guerra civil española – 19 **humilde** sencillo, pobre, de clase baja – 19 **un jornalero** trabajador del campo – 20 **llenar** ≠ vaciar (→ lleno)

MARTIN *(OFF)*
Pero la derecha, la iglesia y Franco querían otra cosa.

*Imágenes de Francisco Franco.*

MARTIN *(OFF)*
En el verano de 1936 Franco y sus generales se rebelaron contra el gobierno elegido. Franco fue apoyado por la Alemania de Hitler y la Italia de Mussolini.
Pero Franco quería una victoria lenta.

*Imágenes de Franco, muchachos jóvenes son detenidos por el ejército.*

VOZ DE PRESENTADOR *(en inglés)*
"Night after night men are being torn from their weeping families, lined up and shot..." (Noche tras noche, por toda España, hombres son arrancados de sus familias y fusilados).

MARTIN *(OFF)*
Fue llamado "la limpieza".

A medida que Franco fue conquistando España, el territorio conquistado debía limpiarse de elementos indeseados. Como el abuelo de Mari Carmen, el jornalero Manuel España.

*En el coche, calle del pueblo Los Corrales.*

MARTIN *(OFF)*
Vamos al pueblo vecino. El maestro del pueblo ha contactado con nosotros. Él sabe que estamos haciendo una película y dice que nos quiere mostrar algo que ha quedado olvidado en los archivos del sótano del ayuntamiento.

6 **apoyado** ayudado – 7 **Mussolini,** *Benito* (1883-1945) dictador italiano – 8 **lento** despacio, ≠ rápido – 9 **un muchacho** chico – 9 **detenido** arrestado, llevado por la fuerza – 14 **arrancados** sacados con violencia de un lugar – 17 **conquistar** conseguir uc, dominar (erobern) – 20 **Los Corrales** pueblo situado en la Sierra Sur de Sevilla – 22 **vecino** de al lado – 22 **un maestro** profesor – 25 **un sótano** habitación subterránea de una casa – 25 **un ayuntamiento** lugar donde se organiza y dirige un pueblo (Rathaus)

*Ayuntamiento de Los Corrales, archivos municipales.*

MANUEL VELASCO (MAESTRO)
Hace unos cuantos años el archivo se trasladó aquí. Este archivo se encuentra en condiciones lamentables. Y entonces, pues aquí, y además esto lo comentaba mucho la gente, que mataban por 25 pesetas. Aparece aquí: "Hemos recibido del tesorero de Falange Española, por mi haber los días del 4 al 8 del corriente". Esto eran las fechas en que se estaba asesinando a la gente. Y los que firman aquí son, buena parte de ellos, son los asesinos. Entonces hay...

*Imágenes de Franco. Soldados desfilando. Aviones del ejército.*

MARTIN *(OFF)*
Franco se mantuvo en el poder absoluto de España hasta bien entrado mi propio tiempo.

*Imágenes de TV de OLOF PALME, primer ministro sueco, 1975.*

OLOF PALME *(en sueco)*
"Y lo increíble es que esto pueda continuar. Que estos asesinos del diablo puedan continuar. Y durante casi cuarenta años han atormentado a los pueblos españoles.

*Imágenes en color de una multitud gente en una manisfestación fascista en los años 70, saludando a Franco con el saludo fascista. En el fondo se lee una pancarta "NO AL MARXISMO EN LA PRENSA".*

3 **trasladarse** cambiarse de un lugar a otro – 4 **encontrarse** estar (sich befinden) – 4 **una condición** estado (Zustand) – 4 **lamentable** muy malo – 6 **aparecer** dejarse ver por primera vez *aquí:* leerse – 7 **un tesorero** up que controla el dinero de una empresa – 7 **por mi haber** por mí – 8 **corriente** *aquí:* del día de hoy – 9 **asesinar** matar a up – 9 **firmar** escribir el nombre a mano como identificación de autenticidad – 11 **desfilar** marchar – 13 **mantenerse** conservar, quedarse en – 13 **el poder** gobierno de un país – 13 **bien entrado** bastante tiempo después de uc – 18 **atormentar** torturar, preocupar, causar dolor – 22 **una pancarta** Plakat – 23 **el marxismo** doctrinas políticas y filosóficas a partir de la obra del alemán Karl Marx – 23 **la prensa** Presse

OLOF PALME
"Y caerán en la más profunda vergüenza y humillación. Y el veredicto histórico será terriblemente severo."

*De nuevo en la carretera.*

MARTIN *(OFF)*
Espera un poco... ¡Olof Palme se equivocó! ¿Porque qué pasó con el veredicto histórico "terriblemente duro" que predijo?

*Imágenes de TV: CARLOS ARIAS NAVARRO anuncia la muerte de Franco en la televisión española, 1975.*

CARLOS ARIAS NAVARRO *(compungido, con dramatismo estudiado)*
"Españoles, Franco ha muerto."

MARTIN *(OFF)*
Franco murió en paz. Y hoy descansa con todos los honores debajo de la cruz más grande del mundo. Cada día a las once el padre abad celebra la misa sobre su tumba en el Valle de los Caídos.

*El coche aparca fuera de una residencia de mayores en Ciempozuelos, afuera de Madrid.*

MARTIN *(OFF)*
Paramos en una residencia para mayores cerca de Madrid. Aquí vive un hombre con mucho genio que nos va a explicar qué es el Valle de los Caídos.

*Entrevista con ANDRÉS INIESTA en el jardín de la residencia.*

2 **caer** fallen – 2 **una humillación** Demütigung – 3 **un veredicto** sentencia, decisión tomada por un tribunal (Urteilsspruch) – 3 **severo** duro, estricto, riguroso – 6 **equivocarse** cometer un error *aquí:* decir uc incorrecta – 7 **predecir** decir antes lo que va a pasar – 8 **Carlos Arias Navarro** (1908-1989) político muy conocido en la dictadura de Franco – 10 **compungido** triste, con pena y dolor – 14 **descansar** *aquí:* estar enterrado, yacer – 14 **un honor** Ehre – 18 **aparcar** poner o colocar el coche en un lugar para ello – 18 **fuera** ≠ dentro – 18 **una residencia de mayores** lugar donde viven personas de mayor edad – 19 **Ciempozuelos** pueblo a 33 km al sur de Madrid – 22 **el genio** temperamento

MARTIN *(OFF)*
Andrés Iniesta es duro como el acero. Es de baja estatura, pero en el geriátrico es el preferido de todas las damas.

ANDRÉS INIESTA *(expreso político)*
La asquerosidad más grande que han podido construir.

MARTIN *(OFF)*
Fue uno de los prisioneros políticos que construyó el monumento de Franco.

ANDRÉS INIESTA
El asesino más grande que ha tenido el mundo.

PONTUS
¿Le dijeron a usted que ahora iba a trabajar a ese sitio?

ANDRÉS INIESTA
Sí, sí. No… que iba… Es que estos tenían unas contratas particulares. O sea, tú eras un particular y hablabas con la dirección (*de la cárcel*), si querías una contrata particular. Así que en vez de coger los de la calle (*trabajadores*), cogían presos. Estaban autorizados.

PONTUS
Ahá.

ANDRÉS INIESTA
Y me detuvieron con 17. Cuando quedo libre tengo ya 36 años. Yo no me escondo. Lo que hay que decir, y lo que pasó, pa' que se entere el pueblo.

PONTUS
Sí.

2 **el acero** metal (Stahl) – 2 **la estatura** tamaño, altura – 3 **un** *centro* **geriátrico** residencia de ancianos – 3 *ser* **el preferido** el más querido entre todos – 4 **un preso** prisionero – 5 **una asquerosidad** uc repulsivo, que produce rechazo *aquí:* uc horrible – 14 **una contrata particular** encargo (Auftrag) de up o empresa privada – 15 **o sea** es decir – 15 **un particular** persona privada sin relación con una empresa – 16 **una cárcel** edificio donde se encierra a los prisioneros (Gefängnis) – 17 **en vez de** stattdessen – 22 **detener** → detenido – 23 **esconderse** ocultarse (sich verstecken) – 23 **pa'** *coloq* para – 24 **enterarse** saber uc por primera vez

ANDRÉS INIESTA

El día que llegué allí, yo estuve trabajando en la carretera. Hay una carretera general allí, la has…, la habéis visto, ¿no?

PONTUS

Sí. La que cruza un puente y eso, ¿no?

ANDRÉS INIESTA

El puente ese, ese puente estaba yo… lo estábamos construyendo. En ese sitio. El 18 de julio del 44, que es la festividad del Alzamiento Nacional, ese día, estábamos trabajando en la carretera, y subió Franco con toda la camarilla, por lo menos 60 o 70 personas. Y esto voy a deciros así, claramente claramente *(imitando lo que dijo Franco):* "Apartadme esa canalla de en medio que no quiero ni verla"… A nosotros, que estábamos trabajando en la carretera.

PONTUS

¿Eso dijo Franco?

ANDRÉS INIESTA

Sí, sí…

PONTUS

…delante de… vosotros allí trabajando.

ANDRÉS INIESTA

Eso. Delante de nosotros. Cuando llegamos nosotros… cuando llegaron ellos a la altura donde estábamos nosotros, dijo: "Apartadme esa canalla, que no quiero ni verla". Estas palabras textuales. Nos cogieron los guardias civiles y a porrazo limpio nos metieron entre los pinos.

8 **un sitio** lugar – 9 **el Alzamiento Nacional** Melilla, 17 y 18 de julio de 1936; levantamiento militar contra el gobierno de la Segunda República e inicio de la guerra civil española – 11 **una camarilla** grupo de personas que van con up – 13 **apartar** quitar, poner en otro lugar – 13 **una canalla** *coloq desp* up sin valor ni significado – 24 **las palabras textuales** *fp* las mismas palabras, tal y como se dijo – 25 **un guardia civil** policía del grupo de la Guardia Civil – 25 **a porrazo limpio** *coloq* a *golpes* (Schlag) – 26 **meter** poner dentro de un lugar – 26 **un pino** árbol (Kiefer)

Me robaron lo principal: La juventud. Que no he sido joven. ¿Os parece poco?

PONTUS
No.

ANDRÉS INIESTA
Es bastante, ¿verdad?

PONTUS
Es bastante.

## Capítulo 4 Buscando a las víctimas

*PONTUS y MARTIN de nuevo en la carretera.*

MARTIN *(OFF)*
Viajamos al norte. Hemos leído que van a abrir una fosa común en la ciudad de Lerma, en la provincia de Burgos.

*MARI CARMEN en el Ayuntamiento de Lantejuela, trabajando, buscando en viejos archivos, hablando por teléfono.*

MARTIN *(OFF)*
Mientras tanto Mari Carmen llama a políticos y autoridades. Y consigue testimonios y firmas.

*Reunión en el aula del Ayuntamiento de Lantejuela con otros familiares de fusilados o desaparecidos.*

ANTONIO CADENAS PAREJA (NIETO DE ALCALDE FUSILADO)
Mi abuelo fue asesinado por el franquismo, y no se sabe dónde está. ¿Con esas personas, ¿qué hacemos? En la pared... en la pared, los pusieron sobre la pared y los fusilaron.

1 **robar** tomar uc que no es propia por la fuerza – 14 **Lerma** población de 3000 habitantes a 38 km de Burgos – 19 **un testimonio** declaración, historia de uc vivida por up (Zeugenaussage) – 19 **una firma** nombre que up escribe en un documento a mano para dar autenticidad (→ firmar) – 20 **una reunión** encuentro con un grupo de personas – 21 **un desaparecido** up de quien no se sabe dónde está – 22 **un alcalde** up que dirige el ayuntamiento – 23 **el franquismo** régimen de Franco

*Cementerio Puebla de Cazalla.*

MARI CARMEN
Mira, mira, mira cómo han limpiado. Han tardado un año y medio, pero mira cómo lo han limpiado.

ANTONIO CADENAS
¿Pero nosotros qué vamos a hacer?

MARI CARMEN
Y nada. Seguir, yo soy muy cabezona.

ANTONIO CADENAS
Ahora, esto que estamos hablando nosotros aquí, nos ponemos a hablarlo en la plaza del pueblo…

MARI CARMEN
Y tienes que mirar…

ANTONIO CADENAS
… y a nosotros nos tachan de locos o… como mínimo de locos, ¿eh?

MARI CARMEN
Y tienes que tener cuidado.

ANTONIO CADENAS
Y tienes que tener cuidado, con él que está al lado…

MARI CARMEN
… a derecha y a izquierda.

ANTONIO CADENAS
Sí, porque te pueden pegar una pedrada o te pueden pegar un palo, o te pueden amenazar, o te pueden… Sí, esto es tabú aquí, ahora, después de 70 años, esto es tabú.

*MARI CARMEN buscando un nombre en una lista.*

3 **tardar** necesitar demasiado tiempo para hacer uc – 8 **cabezón** *coloq aquí:* terco, obstinado (stur) – 15 **tachar a up de uc** decir que up tiene un defecto – 15 **un loco** up que ha perdido la razón, sentido o entendimiento – 18 **tener cuidado** vorsichtig sein – 24 **pegar una pedrada** lanzar o tirar y *golpear* (schlagen) con una piedra – 24 **pegar un palo** dar un golpe – 25 **amenazar** anunciar a up que se le va a hacer uc mala

MARI CARMEN
Teodosa también la había yo encontrado yo aquí. Mira…

*Reunión en el ayuntamiento. MARI CARMEN se despide de una mujer, familiar de una víctima del franquismo.*

MUJER
Me alegro de verte y combate por la memoria de tu abuelo…

MARI CARMEN
… y de todos los que murieron con él…

MUJER
… que los llevamos todos en el corazón.

*MARTIN y PONTUS en el coche, carretera. Se paran a preguntar por el camino a Soria.*

MARTIN
Disculpe, ¿la carretera para Soria?

HOMBRE
Soria, tienen que volver…

PONTUS
Pero es que de repente se cortó.

HOMBRE
No.

PONTUS
¿No?

HOMBRE
Es que antes de que se corte la carretera, antes, la salida anterior a esa, esa es la de Soria.

PONTUS
Ah, no lo vimos…

3 **despedirse** decir adiós – 6 **combatir** luchar – 18 **cortarse** *aquí:* terminarse

*Campos.*

MARTIN *(OFF)*
Estamos buscando un campo en las afueras de Lerma. Nos han hablado de unos árboles en un campo... Pero hay muchos árboles... y muchos campos. Pasamos por el cartelito varias veces sin ver lo que pone: Fosa.

*Imagen del cartel. Se lee "fosa".*

*Gente trabajando en la exhumación de una fosa común de la Guerra Civil en Lerma, Castilla. Detrás de una cuerda que delimita la zona de excavación hay gente del pueblo de pie, mirando y comentando la escena.*

PACO ETXEBERRÍA *(profesor de Medicina Forense)*
Sí, sí, claro. Hasta allí son 41 y lo que no hemos ni tocado siquiera, que está delimitado y es de arena, puede haber más de 10 seguro. O sea que nos situaremos cerca de 60, quizás, como se piensa por algunos datos de archivo, etc. No sabemos.

*Mujeres y hombres desenterrando huesos de fusilados y guardándolos en bolsas.*

PACO ETXEBERRÍA
¿Quieren hacer alguna pregunta aquí?

*Imágenes de gente del pueblo durante la Guerra Civil.*

MARTIN *(OFF)*
Aquí en el norte del país los familiares han decidido abrir las fosas con sus propios medios. Cada día visitan la exhumación. Los hijos y los nietos de los fusilados.

*De nuevo en la exhumación.*

3 **las afueras** *fp* ≠ centro, alrededores – 5 **un cartelito** *letrero* (Schild) pequeño *p ej* de madera – 9 **una cuerda** Seil – 10 **delimitar** poner la frontera de uc – 10 **una excavación** agujero en un terreno *aquí:* para sacar los esqueletos – 10 **de pie** ≠ sentado – 12 **Medicina Forense** medicina legal *p ej* que busca la causa de una muerte – 14 **ni siquiera** nicht einmal – 14 **delimitado** con límites – 15 **situarse** ponerse *aquí:* llegar a un número – 16 **un dato** información – 17 **desenterrar** sacar de la tierra – 17 **un hueso** Knochen – 18 **guardar** poner uc en un lugar protegido – 18 **una bolsa** Tüte – 24 **los propios medios** *mp* dinero y recursos privados

MARTIN *(dirigiéndose a un grupo de personas que está mirando cómo se exhuman los cadáveres)*
¿Ustedes tienen algún familiar aquí?

AMPELIO
Sí, mi padre.

MARTIN
¿Le podríamos hacer unas preguntas?

AMPELIO
Sí...

MARTIN
¿Usted, cuando fusilaron a su padre, tenía 4 años?

AMPELIO
Tenía 4 años y me recuerdo como si fuese ahora. Después han trascurrido ya unos años después, que no me recuerdo, de eso, pero ese día se queda... esa noche se queda grabado, ¿no? Me consuela un poco, ¿no?, rescatar a mi padre, que está aquí. Era carpintero, y creo que lo conseguiré localizar, porque tenía algunos defectos físicos, ya sabe, los carpinteros se herían las manos y los dedos y todo eso.

PACO ETXEBERRÍA
Y lo que estamos encontrando, pues, corresponde a lo que hemos visto tantas veces en tantos lugares: hombres, y también aquí mujeres, que tienen disparos por armas de fuego en la cabeza y en otros lugares del organismo.

*Imágenes de fusilados de la Guerra Civil en el suelo.*

1 **dirigirse a up** decir uc a up (sich wenden) – 13 **me recuerdo** me acuerdo – 13 **transcurrir** *tiempo* pasar – 15 **grabado** grabada – 16 **consolar** animar, tranquilizar, quitar la pena – 16 **rescatar** salvar – 17 **un carpintero** up que trabaja con la madera – 17 **localizar** encontrar, saber dónde está uc o up – 18 **herir(se)** hacerse daño (verletzen) – 21 **corresponderse con** tener relación con otra cosa – 23 **un disparo** tiro

PACO ETXEBERRÍA

Han aparecido proyectiles de armas de fuego, de diferentes armas, tanto de pistola como de fusil. Han aparecido también los casquillos, o las vainas, de estos cartuchos de arma de fuego, lo que significa que se han producido los disparos justamente aquí, al lado de la fosa o en la misma fosa. A estas familias durante 70 años nadie les ha enviado una carta a su casa, diciéndoles nada en relación con esto. Bueno, pues esa carta, que serviría de mucho para cada uno de los familiares, tampoco se ha redactado todavía en el momento actual.

AMPELIO

Y eso es, tendrían que pedir perdón, la religión, la derecha. Pedir perdón. Ahora estamos mucho con esto de la pacificación de ETA, de la negociación y tal… y dicen: No, lo que primero tienen que hacer es pedir perdón. A mí nadie me ha pedido perdón por la muerte de mi padre.

*Nuevas imágenes (en blanco y negro) de fusilados en el suelo. Imágenes (en color) de esqueletos en fila.*

MARIVÍ RAMOS *(nieta de un fusilado)*

Nadie llora por un muerto que murió hace setenta años. Setenta años, ya pasó mucho tiempo, ¿no? Sin embargo, estos muertos son como… siempre están recientes, son muertes recientes todas estas muertes.

MARTIN

¿Y tu padre ha venido?

MARIVÍ RAMOS

Mi padre no puede venir todavía…

2 **aparecer** *aquí:* encontrarse – 2 **un proyectil** bala – 3 **un fusil** arma de fuego con el cañón largo (Gewehr) – 4 **un casquillo** *de bala* parte metálica de un proyectil – 4 **una vaina** cubierta – 4 **un cartucho** Patronenhülse – 7 **enviar** mandar por correo – 10 **redactarse** escribirse – 15 **ETA Euskadi Ta Askatasuna** *vasc* Baskenland und Freiheit; grupo terrorista vasco – 15 **una negociación** solución de un problema diplomáticamente – 15 *y* **tal** y demás (und so weiter) – 19 **una fila** uno detrás de otro – 23 **reciente** de hace poco tiempo

MARTIN
¿No?

MARIVÍ RAMOS
No, no, no… no quiere venir.

*Lerma, calle del pueblo. Interior de la casa de Felipe.*

MARTIN
¿Qué piensa usted de lo que está pasando ahí ahora?

FELIPE RAMOS *(hijo de fusilado, padre de Mariví)*
Pues yo no le puedo contar mucho ahora, porque… no he ido por allí *(emocionado).*

MARTIN
¿No?

FELIPE RAMOS *(cada vez más emocionado, reprimiendo el llanto)*
No. Porque yo… como fui con mi difunto padre… el único que le conoció, pues me… ya sabes… *(con voz temblorosa)…* y por eso pues no me he ido por allí, y… me emociono… El día que le mataron, que fue el 19 de septiembre, vinieron a casa, de noche *(llorando, no puede continuar de la emoción).* Perdona…

PARIENTE DE FELIPE *(OFF)*
*(viendo lo doloroso que es para Felipe relatar el fusilamiento)*
…un poco, joder, la hostia!

*MARTIN y PONTUS de nuevo en la carretera.*

MARTIN *(OFF)*
Nadie ha pedido perdón y el veredicto histórico nunca llegó. Tal vez sea por el calor, pero el pasado y el presente se mezclan y siento que deberíamos hacer algo. Vamos al ayuntamiento.

10 **emocionado** bewegt – 13 **reprimir** controlar uc para que no se vea *p ej* un sentimiento – 13 **el llanto** lloro (Weinen) – 14 **difunto** que ha muerto – 15 **tembloroso** que tiembla (zitternd) – 16 **emocionarse** sentir emoción (gerührt sein) – 18 **llorar** weinen – 21 **doloroso** que causa dolor – 21 **relatar** contar – 21 **un fusilamiento** acción de fusilar – 22 **joder** *vulg aquí:* para expresar enfado y asombro – 22 **la hostia** *loc vulg* ¡qué fuerte! (der Hammer!) – 26 **mezclarse** unirse entre sí sin orden

*Fachada Ayuntamiento de Lerma.*

MARTIN *(OFF)*
El alcalde de Lerma no quiere saber nada de la fosa que están abriendo en su municipio. Ni siquiera se ha molestado en visitar la exhumación.

MARTIN *(en sueco)*
Pongo el micrófono ahora…

*Dentro del ayuntamiento.*

MARTIN
El alcalde pertenece al Partido Popular, el partido conservador español con raíces en el régimen de Franco. Pero este encuentro no saldrá como me imagino.

*Despacho del alcalde de Lerma, José María Barroso (PP).*

JOSÉ MARÍA BARROSO
Es que a mí los periodistas me están preguntando que por qué no he ido. Y digo, ¡pero si a mí no me ha invitado nadie! Que sí, que lo tendrán en su corazón cada uno, porque eso no se olvida, pero tam… pero… pero… quieren olvidar, no… y le vuelves otra vez a renacer aquello que sucedió y que no sé qué y que no sé cuánto, después de… de tantísimos años, pues yo creo que los pocos años de vida que le queden, pues estarán ahí con aquello que ya… que pensaban que habían olvidado, que ya no está. Y digo por los dos lados, o sea… que… por las dos partes.

MARTIN
Lo que no entiendo es…¿lo que dice que se debe olvidar o no se debe olvidar?

1 **una fachada** parte exterior de un edificio – 4 **un municipio** grupo de habitantes que forman parte de un ayuntamiento – 4 **molestarse en** *hacer uc* tomarse interés en – 10 **pertenecer** formar parte de uc *aquí:* ser miembro de un partido – 10 **Partido Popular** partido político conservador fundado en 1989 – 11 **una raíz** *aquí:* base, inicio – 13 **un despacho** oficina – 13 **PP** Partido Popular – 19 **renacer** volver a nacer *aquí:* volver a recordar – 19 **suceder** pasar, ocurrir (geschehen) – 19 **que no sé qué y que no sé cuánto** expresión cuando no se dice nada (und so weiter und sofort) – 20 **tantísimos** muchísimos – 23 **las** los

JOSÉ MARÍA BARROSO
Hombre, no, o sea, se debe de olvidar las rencillas. Lo que no se puede olvidar...lo que... no puedes olvidar es lo que has tenido tú.

MARTIN
Ayer ya hemos hablado con un hombre que había perdido a su padre...

JOSÉ MARÍA BARROSO
Sí.

MARTIN
... y nos ha dicho que pensaba que los partidos de la derecha y la iglesia debían pedir perdón, perdonarse... por lo que pasaba.

JOSÉ MARÍA BARROSO *(fingiendo estupefacción, se queda mirando fijamente a Martin sin saber qué responder)*
¿Los partidos de la derecha...?

MARTIN
Sí.

JOSÉ MARÍA BARROSO
Pero bueno, vamos a ver. Los partidos de la... de la... los partidos de la... de la... derecha, ¿a qué denominan ellos derecha? Eso es lo que me gustaría a mí saber. Porque es muy fácil decir que... que... que la definición de derecha... Si tú a mí, simplemente por el hecho de decirme que soy de derecha, soy el asesino, que es lo que te venía comentando anteriormente, eso no es correcto.

*MARTIN y PONTUS salen del ayuntamiento.*

2 **se debe** se deben – 2 **una rencilla** discusión, conflicto que causa *enemistad* (≠ amistad) – 12 **perdonarse** disculparse – 13 **pasaba** pasó – 14 **fingir** vortäuschen – 14 **estupefacción** asombro – 15 **fijamente** con atención, concentradamente – 21 **denominar** llamar, definir uc – 25 **venir + ger** uc que ocurre desde un tiempo anterior

PONTUS *(en sueco)*
¿La cagaste, Martin, no?

PONTUS *(OFF)*
No, no fue como me había imaginado. Igualmente, al rato me veo en casa de Felipe contando mi batalla con el alcalde.

*Casa de Felipe.*

PONTUS
Este ha dicho que los partidos de derecha y la iglesia deben pedir perdón.

FELIPE Y SU ESPOSA
Claro.

PONTUS
Y lo hemos dicho al alcalde…

*Felipe, su esposa y Mariví empiezan a reír con ironía.*

PONTUS
… y se ha enfadado un poquito…

*Toda la familia se ríe.*

MARIVÍ
¡Estos… *(riéndose, a sus padres)* qué bueno! *(A Pontus y Martin)* Y vosotros, como no tenéis nada que perder… ¡Hala!

PONTUS
*Somos suecos, hacemos el sueco…*

MARIVÍ
Nos hacemos el sueco.

MARTIN *(OFF)*
Nos reímos en la compañía de su familia. Pero en el fondo hay algo que me inquieta.

2 **cagarla** *vulg* estropear uc, hacer uc mal (etw versauen) – 4 **un rato** periodo corto de tiempo – 16 **enfadarse** ponerse de mal humor – 20 **¡hala!** *interj Esp* expresa sorpresa – 22 **hacemos el sueco** nos hacemos el sueco – 24 **hacerse el sueco** *loc Esp* ignorar una situación difícil o de conflicto – 26 **en compañía** con otra gente, ≠ solo – 27 **inquietar** intranquilizar, poner nervioso

MARIVÍ
Eso está muy bien.

FELIPE *(a Mariví)*
¡Mira qué buenos mozos hay por allí!

MARIVÍ
Sí, sí.

*Nuevamente en la carreterra.*

MARTIN *(OFF)*
De alguna forma tiene razón ese alcalde. Él no es culpable de los asesinatos. ¿Pero eso significa que no tiene ninguna responsabilidad en cerrar las heridas hoy? ¡Eso es lo que le tenía que haberle preguntado!

*Exhumación fosa de Lerma.*

PACO ETXEBERRÍA
¿Quiénes hay que identificar? Claro, a estas personas. En este país a quienes habría que identificar verdaderamente, es a las personas que se oponen a llevar a cabo estas investigaciones. ¡A esos sí que habría que identificar!
Ningún familiar pretende después buscar venganza con estas cuestiones. Para hacer un mínimo de justicia, lo que hay que hacer es conocer la verdad, y cada ejemplo de estos sirve para conocer un poco más de la verdad.
*(Señalando con una cinta métrica enrollable los restos de un hombre)* Este es el carpintero.

MARTIN
Pues este hombre…

4 **un mozo** chico, hombre – 9 **culpable** ≠ inocente, up que ha hecho uc mala – 10 **un asesinato** crimen, acción de matar (→ asesino) – 11 **cerrar una herida** *fig* solucionar un viejo problema – 11 **una herida** Wunde – 17 **oponerse** estar en contra – 17 **llevar a cabo uc** *loc* hacerse, realizarse – 17 **una investigación** estudio profundo, búsqueda de uc – 19 **una venganza** respuesta a un daño recibido (Rache) – 20 **una cuestión** pregunta *aquí:* suceso, asunto, acontecimiento – 20 **la justicia** Gerechtigkeit – 23 **una cinta métrica** objeto para medir (Maßband) – 23 **enrollable** aufrollbar

PACO ETXEBERRÍA

Porque tiene aquí una mina, esto que ves aquí, es la mina del lápiz del carpintero. *(Sacando el resto del lápiz de entre los huesos y enseñándoselo a Martin)* Esto, es el grafito del lapicero de un carpintero. El lápiz del carpintero es un lápiz plano, y el grafito no es redondo, es así, mira, mira.

Y es que tenemos un complejo de culpabilidad con esto: jueces, yo, en fin, mi familia, mis vecinos... todos tenemos un complejo de culpabilidad que consiste en que no hemos hecho lo suficiente cuando se planteó la transición democrática.

MARTIN

¿Es el fin del silencio lo que vemos ahora en España?

PACO ETXEBERRÍA

Puede ser...puede ser...

*Imágenes de la tumba de Franco y del abad ANSELMO ÁLVAREZ en la iglesia.*

*MARTIN y PONTUS andando en coche y bebiendo un café.*

MARTIN *(OFF)*

Las ejecuciones continuaron durante varios años después del final de la Guerra Civil. Tras el ruido del último disparo, se impuso el silencio.

*Monumento Paracuellos del Jarama.*

3 **un lápiz** mina de grafito dentro de un palito de madera para escribir (Bleistift) – 4 **un lapicero** lápiz – 5 **plano** ≠ ondulado, liso (flach) – 6 **redondo** de forma circular o esférica, ≠ plano – 7 **la culpabilidad** responsabilidad del que tiene *culpa* (Schuld) o ha hecho uc mala – 8 **un juez** Richter – 9 **consistir en** tratarse de, basarse en – 10 **suficiente** bastante – 10 **plantearse** pensar, programar – 10 **la transición** cambio *aquí:* paso de la dictadura a la democracia – 18 **andar** caminar *aquí:* ir – 22 **imponerse** poner uc por la fuerza para dominar (sich durchsetzen) – 23 **Paracuellos del Jarama** pueblo madrileño a 20 km al nordeste de la capital

MARTIN *(OFF)*
Mientras, las víctimas del otro lado fueron conmemoradas y honorificadas, con monumentos y ceremonias.

*Alrededores Granada, fosas sin identificar.*

MARTIN *(OFF)*
Pero las víctimas republicanas todavía yacen en fosas comunes sin identificar por todo el país. En las cunetas, en los bosques y en los barrancos. En el muro del cementerio de Granada todavía se ven los agujeros de las balas…

*Muro del cementerio de San José, Granada.*

MARTIN *(OFF)*
… y cuando España obtuvo su democracia a finales de los años 70 acordaron entre todas las fuerzas políticas no remover el pasado: El pacto de silencio.
Y en 1981 los españoles tuvieron un recuerdo brusco cuando 200 guardias civiles armados asaltaron el parlamento español.

*Parlamento español 1981, intento golpe de Estado del TENIENTE CORONEL TEJERO.*

TENIENTE CORONEL TEJERO
"¡Quieto todo el mundo!"

*Disparos de metralla.*

TENIENTE CORONEL TEJERO
¡No intentes tocar la cámara que te mato! ¡Desenchufa eso!"

2 **conmemorado** recuerdo que se hace de up o uc con una ceremonia – 3 **honorado** premiado, que se le dan honores – 7 **una cuneta** lado de un camino – 8 **un barranco** Felsschlucht – 8 **un muro** pared, tapia – 12 **obtener** conseguir, alcanzar – 13 **acordar** llegar a un acuerdo, decidir – 13 **una fuerza política** partido político – 13 **remover** volver a un suceso o asunto ya olvidado o parado – 15 **brusco** fuerte, duro – 16 **armado** con armas – 16 **asaltar** tomar uc por la fuerza – 21 **la metralla** fragmentos en que se divide un proyectil al estallar (Schrot) – 23 **desenchufar** *aquí:* apagar

MARTIN *(OFF)*
El golpe de los generales se frustró, pero el miedo y el silencio continuó.

5

## Capítulo 5
## El alcalde se arrepiente

*Carretera Andalucía, imágenes en cámara rápida.*

MARTIN
Pontus parece haber despertado de un sueño. Viajamos hacia el sur y ahora es él quien habla de justicia histórica y dice que quiere ayudar a Mari Carmen.

*Cortijo La Rabia, campo entre Lantejuela y Puebla de Cazalla, MARI CARMEN y ANTONIO CADENAS, hijo de alcalde fusilado hablan con MARTIN y PONTUS.*

MARI CARMEN
Verás que todo se queda en muy buena voluntad, pero a la hora de exhumar, que es lo más fácil, pues no… no quieren… ¡Que expliquen por qué no quieren!

MARTIN
¿Es el alcalde de la Puebla de Cazalla que de verdad podría hacer algo?

MARI CARMEN
Sí, sí, claro. Es el que tiene la autoridad sobre el cementerio por cuanto la fosa está situada dentro del cementerio municipal.

ANTONIO CADENAS
Bueno…

2 **frustrar** frenar, no realizarse – 3 **continuó** continuaron – 11 **un cortijo** casa con campo típica de Andalucía – 15 **una voluntad** intención – 19 **que** el que – 23 **por cuanto a** porque, ya que

MARTIN
Vale, vamos a la Puebla…

MARI CARMEN
Pues a ver la suerte que tenéis. Uy, a ver, si sacáis… si sacáis de allí la exhumación… me voy pa' allá esta tarde y…

*ANTONIO, MARTIN y PONTUS ríen.*

ANTONIO CADENAS
Será difícil…

MARTIN
Vale, vamos.

MARI CARMEN
A ver, ya me llamáis después que… ¿vale?

*PONTUS y MARTIN en el coche.*

MARTIN
Pontus dice: "A este alcalde hay que hacerle las preguntas correctas."
Yo le agradezco la ayuda. Porque todavía sigo pensando en lo que le tenía que haber dicho a aquel otro alcalde.

*Fiestas del pueblo en La Puebla de Cazalla. Afuera de la caseta municipal.*

MARTIN
En la Puebla son las fiestas del pueblo. Encontramos al alcalde en una de las casetas tomando cerveza. Ahora Pontus hace las preguntas.

PONTUS
Y ella… ella es de… Ella es una chica que se desespera un poco con este tema, ¿no? Ella está empeñada en que su abuelo está ahí y ella lo quiere sacar de ahí y…

17 **agradecer** dar las gracias por uc – 19 **una caseta** *aquí:* casita desmontable donde se baila y se bebe en una fiesta – 26 **desesperarse** perder la paciencia y los nervios – 27 **estar empeñado en uc** querer uc de cualquier modo

EMILIO POZO *(alcalde de La Puebla de Cazalla (PSOE)*
Eso lo tiene que pedir a un juez. Al ayuntamiento no se lo puede pedir porque el ayuntamiento no puede, no puede, no tiene…

PONTUS
Pero… pero… pero en… en… en las otras exhumaciones que nosotros hemos visitado lo han hecho un equipo con forenses y arqueólogos muy profesional, muy meticuloso todo el trabajo, pero no ha habido permiso de ningún juez en ningún caso…

EMILIO POZO
Estaré yo equivocado…

PONTUS
Ha habido un permiso de sanidad, y un permiso del… del dueño de la tierra…

EMILIO POZO
No, pues… este es del ayuntamiento, y el ayuntamiento no va poner ningún inconveniente en dar el permiso ese si nos lo pide.

PONTUS
¿Sí? ¿No?

EMILIO POZO
Yo no voy a poner ningún inconveniente. O sea que yo voy a autorizar, si me lo pide. ¡Yo lo voy a autorizar!

PONTUS
Estupendo. Yo creo que eso está bien, ¿no?

1 **PSOE** Partido Socialista Obrero Español – 7 **un** *médico* **forense** especializado en medicina forense – 8 **meticuloso** detallista, minucioso, estricto – 12 *estar* **equivocado** → equivocarse – 14 **un permiso** licencia (Erlaubnis) – 14 *Ministerio de* **sanidad** salud – 15 **un dueño** propietario – 18 **un inconveniente** obstáculo, dificultad, problema

EMILIO POZO
¿Ah, que habéis estado filmando lo que hemos estado hablando?

PONTUS
Sí.

EMILIO POZO *(sonriendo irónico)*
Ah, bien.

MARTIN
Pues siempre estoy grabando.

EMILIO POZO
Ah, ya. Muy bien. Vale, pues encantado. ¿Queréis una cerveza o tomaros algo?

PONTUS
Sí, por qué no.

MARTIN
Nos gustaría.

EMILIO POZO
Venga, os invito a algo.

*MARTIN, PONTUS y el alcalde dentro de la caseta, en la barra.*

EMILIO POZO
¿Cuándo tenéis previsto más o menos terminar vuestra película?

PONTUS Y MARTIN
Cuando exhuman en la Puebla.

*Atardecer Granada.*

*MARTIN llama por teléfono a MARI CARMEN.*

19 **una barra** *del bar* mesa larga donde se sirve (Theke) – 21 *tener* **previsto** pensado, organizado – 24 **exhuman** exhumen – 25 **un atardecer** momento del día en el que llega la tarde

MARI CARMEN
Dígame.

MARTIN
Hola Mari Carmen, soy Martin.

MARI CARMEN
Hola Martin. ¿Qué pasa?

MARTIN
Bueno, hemos hablado con el alcalde de la Puebla de Cazalla.

MARI CARMEN
Sí. Y ¿qué decía?

MARTIN
Bueno, nos ha dicho que da su permiso por la exhumación.

MARI CARMEN
¿Que da su permiso?

MARTIN
Sí.

MARI CARMEN *(sorprendida, con entusiasmo)*
Anda… Eso es… ¡Anda!

*Cementerio Puebla de Cazalla.*

MARTIN *(OFF)*
Ahora todo se empieza a mover. Arqueólogos investigan la tierra. El alcalde que conocimos en la feria incluso les presta la excavadora del pueblo, a veces. Y Pontus no puede contenerse y coge una pala y empieza a cavar él también…

10 **decía** ha dicho – 12 **por** para – 18 **¡Anda!** *interj* expresa sorpresa o asombro – 21 **investigar** estudiar detalladamente uc – 22 **prestar** dejar temporalmente uc a up (ausleihen) – 23 **una excavadora** máquina para hacer agujeros en la tierra – 23 **contenerse** controlarse – 24 **una pala** objeto para hacer agujeros con un palo y una superficie de metal (Spaten) – 24 **cavar** hacer un agujero en la tierra

MARI CARMEN
Yo estoy hasta morena. De blanquita que soy, estoy hasta morena. Me ha dado el sol todo lo que ha podido y más. Mi abuelo tenía una frente muy elevada, así muy ancha, ¿no? Pues que a lo mejor igual lo puedo reconocer cuando saquen los huesos y fijarme en el cráneo y a ver si tiene uno el cráneo así muy elevado.

MARTIN *(riendo)*
Y allí hay la bandera republicana.

MARI CARMEN *(riendo)*
Sí, la bandera se la traen los arqueólogos. Y bueno, ya que es un... una... un símbolo, una identificación. Y bueno, como murieron por defender el régimen republicano, y en concreto mi abuelo como dijo al alcalde republicano: "habla, habla, que para eso estamos aquí nosotros, para defenderte". Pues claro, verás que está bien. Es su bandera.

HOMBRE AYUDANTE EN LA EXCAVACIÓN
Aquí puede que tengamos una fosa. El relleno está mucho más suelto, está mucho más blando.

MARTIN *(OFF)*
Se encuentran varias fosas en el sitio. Pero de repente el trabajo se para. El alcalde se ha arrepentido. Empiezo a darme cuenta de lo delicada que es esta historia, incluso para un alcalde socialista. Pero Pontus está enfadado cuando entramos en su oficina.

*Ayuntamiento Puebla de Cazalla, despacho del alcalde.*

*La cámara no enfoca directamente al alcalde, se oye solo su voz y se alcanza a ver una parte de su cara y su mano izquierda.*

2 **moreno** con color de piel por el sol – 4 **una frente** parte superior de la cara entre los ojos y el pelo – 4 **elevado** subido, alto – 6 **un cráneo** cabeza de un muerto – 9 **una bandera** *tela (Stoff)* que representa un país o un grupo – 9 **republicano** relativo a la República – 18 **un relleno** lo que se pone dentro de uc (Füllung) – 19 **suelto** ≠ compacto – 19 **blando** ≠duro – 22 **arrepentirse de uc** sentir pena o tristeza por haber hecho o no uc – 22 **darse cuenta** erkennen

EMILIO POZO
Yo no tengo problema con nadie. Yo personalmente no tengo ningún problema con nadie. Mari Carmen España, hombre, que con el Ayuntamiento de la Puebla no tiene que discutir nada. Porque el ayuntamiento se está limitando a hacer lo que está diciendo la Junta de Andalucía. Nosotros no hemos tomado ninguna iniciativa.

*Cementerio.*

MARI CARMEN
… el alcalde, aparecerá o no aparecerá.

PONTUS
Ya, él lo que quiere es poner un monolito y ya está.

MARI CARMEN
Bueno, voy a emplear… no me gusta emplear la palabra, pero yo en este caso tengo más derechos que él, ¿no? Porque soy familiar…

MARTIN *(OFF)*
A Mari Carmen solo le queda una instancia para pedir ayuda: al Gobierno.

## Capítulo 6
## Vacaciones en Tenerife

*MARTIN y PONTUS en la habitación del hotel.*

MARTIN *(OFF)*
Esto puede ser un proceso muy largo, dice Pontus cuando nos separamos.

*Imágenes rápidas de un avión aterrizando, luego en la playa en Tenerife.*

5 **limitarse a + inf** hacer uc dentro de unos límites – 6 **la Junta** *de Andalucía* instituciones y gobierno de una comunidad autónoma – 14 **emplear** usar, utilizar – 18 **una instancia** solicitud escrita a la autoridad judicial para pedir uc

MARTIN *(OFF)*
Me voy de vacaciones con mi familia. Igual que millones de suecos viajamos a España. A las Islas Canarias. Y me intento relajar…

*Imágenes de Franco en la playa jugando con su hija.*

MARTIN *(OFF)*
… y no pensar en Franco. Es difícil no pensar en Franco.

*Los Cristianos, Tenerife. MARTIN tomando algo en una mesa de bar, afuera, en una calle peatonal.*

MARTIN *(OFF)*
Entonces veo el nombre de la calle donde todos los turistas están tomando cervezas.

*Cartel con el nombre de la calle: Francisco Franco.*

*Luego imágenes de Santa Cruz de Tenerife.*

MARTIN *(OFF)*
Y en la capital Santa Cruz … se hace insoportable: General Mola, el comandante del norte. General Sanjurjo: El preferido de los conservadores católicos. Y la gran avenida con todas las terrazas: El General de los Generales.

*Cartel con el nombre de la avenida: Rambla del General Franco.*

MARTIN *(OFF)*
Cuando las campanas suenan a misa en Santa Cruz me percato de lo que nos falta investigar en esta historia: la Iglesia Católica y el abad que guarda la tumba de Franco. Don Anselmo Álvarez.

4 **relajarse** descansar, distraerse – 8 **Los Cristianos** población turística al sur de la isla de Tenerife – 9 **peatonal** para ir a pie (→ peatón) – 16 **insoportable** que no se puede aguantar (unerträglich) – 16 **General Mola**, Emilio (1887-1937) militar organizador del golpe de Estado contra la Segunda República – 17 **General Sanjurjo**, José (1872-1936) militar organizador del golpe a la República – 18 **un conservador** up con ideas tradicionales – 20 **una rambla** calle ancha y arbolada con un paseo central – 22 **una campana** objeto grande de metal de las iglesias que se golpea para llamar a la gente – 22 **Santa Cruz de Tenerife** capital de la Comunidad Autónoma de Canarias – 23 **percatarse** darse cuenta, notar – 24 **guardar** *aquí:* cuidar, proteger

7

## Capítulo 7
## El padre abad

*Imágenes rápidas de un avión aterrizando, luego en Málaga, en el coche.*

MARTIN *(OFF)*
Pontus viene a buscarme a Málaga.

PONTUS *(en sueco)*
¿Cómo dijiste que se llamaba, San Rafael?

MARTIN *(en sueco)*
San Rafael, sí.

PONTUS *(en sueco)*
Estos dos paisanos deben saber…

MARTIN *(en sueco)*
Sí.

*El auto para. MARTIN pregunta por el cementerio.*

MARTIN
Estamos buscando el cementerio San Rafael. ¿Sabe dónde está?

HOMBRE
Oh, eso está para aquel lado *(señalando hacia el lado de donde vienen Pontus y Martin).*

MARTIN
¿Por ahí?

HOMBRE
Allí, allí, sí, sí. El cementerio de San Rafael… Pero eso está cerrado…

10 **un paisano** up del lugar

MARTIN
Sí, sí lo sabemos.

*Bar, Málaga. Imágenes de periódico con un artículo sobre la exhumación de cadáveres. Se lee un titular: "La Asociación de Memoria Histórica da la espalda a la investigación de la fosa de Alcalá" con una foto de huesos y una calavera.*

MARTIN *(OFF)*
Pero ahora algo ha cambiado en España, de repente todo el mundo habla. De Franco, y del Valle de los Caídos, y de las exhumaciones.
*Imágenes de un programa de TV.*

*Luego: Cementerio San Rafael, Málaga, exhumación.*

MARTIN *(OFF)*
Cuando las empresas constructoras querían construir sobre el viejo cementerio de San Rafael en Málaga los familiares de los fusilados exigían que se abrieran las fosas primero. Se pensaba que allí habrían unos 2.500 fusilados, pero al abrir la tierra ahora se encuentran más de 4.000. Esto sucede a menudo, cuando se abren las fosas hay más muertos de los que se creía.

MARTIN *(a Francisco Espinosa)*
Hemos ido al Valle de los Caídos. ¿Has visto cómo está enterrado el instigador de todo esto?

FRANCISCO ESPINOSA *(hijo de fusilado)*
Bueno, yo no lo he visitado, ni lo visitaré nunca.

MARTIN
¿No?

4 **una asociación** unión de varias personas con un fin común – 5 **Memoria Histórica** búsqueda de desaparecidos en la guerra civil española – 5 **dar la espalda a uc o up** abandonar, ≠apoyar – 6 **una calavera** cráneo – 16 **exigir** pedir uc con energía y derecho – 18 **a menudo** con frecuencia, habitualmente – 22 **un instigador** up que inicia o provoca uc *aquí:* Franco

FRANCISCO ESPINOSA *(hijo de fusilado)*

No, yo no iré nunca allí. Pues durante muchos años allí, el 18 de julio y.... fechas así señaladas por los fascistas, era el centro de reunión de todos los fascistas. No lo de los republicanos y los fascistas. ¿Entonces qué reconciliación es ésta? ¿Es que tendremos que pedirles perdón nosotros a los fascistas por haber matado a nuestros padres?¿O tendría que ser al revés? Porque ahí tenemos Suráfrica precisamente. El gobierno sudafricano, bueno, ha estado con el apartheid toda la vida. Sin embargo llegó un gobierno democrático y lo primero que hicieron fue pedirles perdón por lo que habían hecho, ¿no? Aquí nadie ha pedido perdón. Aquí al revés. Todavía nos siguen achacando que se mataron a curas, que se mataron a tal... Bueno, y los miles y miles y miles que nos fusilaron ustedes... ¿Qué?

*La Macarena, tumba de Queipo de Llano, Sevilla.*

FRANCISCO ESPINOSA

La Iglesia aquí en España también ha estado siempre con el capital y con la derecha. Y los más miserables y los más pobres, que éramos los que pasamos toda la quina que se pasó después de la guerra... la hambre y las necesidades y las enfermedades, pues no había apoyo.

*Imágenes de un sueño, Valle de los Caídos.*

MARTIN *(OFF)*

No duermo bien esa noche. Tengo 8 años y tengo un papel en la mano.

3 **una fecha señalada** día especial concreto – 4 **lo** el – 5 **una reconciliación** vuelta a una amistad perdida (Versöhnung) – 7 **al revés** lo contrario – 9 **Apartheid** régimen de discriminación racial establecido en la República Sudafricana por la raza blanca frente a la negra – 13 **achacar** responsabilizar a up por uc – 13 **un cura** sacerdote, up que trabaja en una iglesia – 16 **la Macarena** básilica de la virgen de la Macarena – 16 **Queipo de Llano**, Gonzalo (1875-1951) militar español que dio el golpe militar contra la República – 19 **miserable** pobre y sin valor – 20 **una quina** *aquí:* pobreza, miseria, hambre – 21 **la** el – 22 **una enfermedad** ≠ salud – 22 **un apoyo** ayuda

En el papel leo las oraciones que tengo que aprender de memoria para la misa.
Detrás mío está el padre abad escuchando cada palabra. Pero dentro de la cripta escucho el eco de otra voz:

*(Voz de OLOF PALME:)*
"Y caerán en la más profunda vergüenza y humillación. Y el veredicto histórico será muy severo".

*Carretera.*

MARTIN *(OFF)*
No puedo desayunar esa mañana. Vamos a volver otra vez al Valle de los Caídos. Para confrontar al guardián de la tumba de Franco, el padre abad Don Anselmo Álvarez. Junto a nosotros viene el viejo prisionero, Andrés Iniesta.

*Explanada, Valle de los Caídos.*

MARTIN
De hecho estas compañías han fundado su riqueza en… en… en trabajos forzados.

ANDRÉS INIESTA
¡Sí, hombre!

MARTIN
¿Y nunca han pagado?

ANDRÉS INIESTA
¡No, qué van a pagar!

¿Subimos a ver al cacique?

*Entrada de la cripta.*

1 **una oración** rezo, ruego (Gebet) – 1 **de memoria** *loc* con las palabras exactas y sin leerlas – 4 **un eco** sonido que se repite – 11 **un guardián** up que cuida y protege uc – 16 **una compañía** *aquí:* empresa – 16 **fundar** crear, construir, basar – 17 **los trabajos forzados** *mp* castigo a prisioneros en forma de trabajo obligatorio – 24 **un cacique** up con demasiado poder, *aquí:* Franco

MARTIN
No es seguro que podemos entrar con la cámara.

ANDRÉS INIESTA
¿Qué?

*Control de seguridad, cripta.*

MARTIN
¿Se puede pagar con la tarjeta?

ANDRÉS INIESTA
¡No! Hombre usted… a mí no me cobre, ¡eh!

MARTIN
Uno, dos, tres…

ANDRÉS INIESTA
¡No, no, oiga! A mí no me cobre, eh. ¡Oiga! ¡Que yo hice la carretera… ¡Que lo voy a tener en cuenta, y que le he tenido que pagar a usted por entrar a mi casa…

GUARDA
¡Tranquilo!

ANDRÉS INIESTA
No, yo no estoy tranquilo. Porque usted me haya cobrado por venir a mi casa. Ahora que se puede hablar un poquillo… ¿Cómo voy a estar yo tranquilo? ¿Está entendido? ¡Que si vivimos en otros tiempos!

PONTUS
¿Qué ha dicho usted, que estamos en el…?

ANDRÉS INIESTA
En el infierno.

2 **podemos** podamos – 9 **cobrar** recibir dinero por uc – 14 **tener en cuenta** *loc* tener presente y no olvidar uc para uc futuro (beachten) – 26 **un infierno** ≠ cielo, ≠ paraíso

PONTUS
En el infierno.

ANDRÉS INIESTA
Sí, estas son las luces…

*Cripta.*

MARTIN *(OFF)*
Dentro de la cripta se enfurece. No nos atrevemos a llevárnoslo al monasterio.

*Coche, monasterio Valle de los Caídos.*

MARTIN *(OFF)*
Vamos a tocar la puerta de Don Anselmo Álvarez.

Pero a medida que nos vamos acercando al monasterio, detrás de la cruz para enfrentarnos a toda la Iglesia Católica, me siento mareado. Y sólo tengo ganas de volver a mi casa.

*Se acercan a la puerta de DON ANSELMO ÁLVAREZ.*

MARTIN *(a Pontus, en sueco)*
¿Crees que se puede entrar así simplemente?

*MARTIN empuja la puerta y la abre. Entra dando solo unos pasos y vuelve a salir inmediatamente.*

MARTIN *(riendo, en sueco)*
No, no me atrevo a entrar así…. Vamos a esperar cinco minutos más… Les tengo un poco de miedo a los monjes. ¿Estás grabando?

PONTUS *(en sueco)*
Sí.

7 **enfurecerse** enfadarse mucho – 7 **atreverse** tener valor para hacer uc – 11 **tocar** *aquí:* llamar – 12 **a medida que** según – 12 **acercarse** ponerse más cerca – 13 **enfrentarse** confrontarse (→ enfrente) – 14 **mareado** que pierde del equilibrio (schwindlig) – 18 **empujar** hacer fuerza para mover uc (schieben) – 19 **un paso** Schritt – 19 **inmediatamente** enseguida – 22 **un monje** up religiosa que vive en un monasterio

*MARTIN está por golpear a la puerta, pero en ese momento esta se abre.*

MARTIN
Buenos días.

MONJE 1
Buenos días.

MARTIN

Somos de Suecia, somos suecos… y quisiéramos hablar con el padre abad.

*Unos segundos más tarde, MARTIN y PONTUS dentro del monasterio. El monje anuncia la visita por teléfono.*

MONJE 1 *(al teléfono)*
Han venido aquí unos…

*Segundos más tarde…*

MONJE 1
Va a venir aquí, pero al menos un cuarto de hora tendrán que esperar, porque tiene que hacer unas cosas…

MARTIN
Vale, vale, ningún problema. ¿Esperamos aquí?

*Más tarde, de nuevo en el Monasterio. Entra el padre abad, otro monje (MONJE 2) lo presenta.*

MONJE 2
Este es el padre abad.

MARTIN
Buenos días. Yo soy Martin Jönsson… de Suecia.

16 **al menos** como mínimo

MONJE 2
Hablan muy bien el español, ¡eh!

MARTIN
… nos extraña un poquito que se está haciendo actos litúrgicos aquí, al lado de la tumba de Franco. ¿Qué piensa usted de estas cosas?

DON ANSELMO *(padre abad) (haciéndose el sorprendido y el escéptico, sonriendo con sarcasmo y aire de suficiencia)*
Ese es uno de los objetivos de la fundación (…) Como todos los fundadores de iglesias, de capillas, etc. a lo largo de toda la historia, el fundador tiene derecho a estar enterrado en la iglesia fundada por él (…) Pero esto es algo completamente normal en el rito católico, en la Iglesia Católica y ha sido normal aquí hace ya cincuenta años, o treinta años concretamente de la muerte de Franco (…) sin escándalo de nadie, sin escándalo de nadie.

MARTIN
Hemos conocido a gente que son familiares de los fusilados, que han sido fusilados por las tropas de Franco. Y por esta gente parece casi ofensivo que están haciendo la misa al lado de la tumba de Franco.

DON ANSELMO *(nervioso, con sorpresa fingida)*
¿Usted ha hecho exactamente esa pregunta?

MARTIN
Sí.

DON ANSELMO
¿Y le han respondido de esta manera?

MARTIN
Sí.

4 **extrañar** parecer raro – 4 **está** esté – 4 **un acto litúrgico** misa – 8 **escéptico** que no se cree lo que oye – 8 **aire de suficiencia** aspecto del que está por encima (zufriedene Miene) – 9 **una fundación** institución con finalidad cultural o de otro tipo (→ fundar) – 10 **una capilla** iglesia pequeña – 19 **por** para – 20 **están** estén – 22 **fingido** de mentira, falso – 27 **una manera** forma, modo

DON ANSELMO *(nervioso)*
Es el primer testimonio que escucho en este sentido *(subiendo el tono)*. Yo le recomendaría que fuera usted un poco objetivo, y que no fuera a preguntar únicamente a las personas de un determinado lado.

MARTIN
No, no, no… No.

DON ANSELMO
No, es que me da la sensación de que sí…

MARTIN
Bueno, es por eso que estamos aquí. En todo caso, Franco está culpable de muchos muertos en este país.

DON ANSELMO *(dudando)*
Tal vez.

*Imágenes de Franco visitando el Valle de los Caídos junto con Juan Carlos de Borbón.*

PONTUS
Tiene que ser algo que se repite siempre para ustedes esto… Al tener a … Franco, representa, para la gran mayoría de la gente del mundo, es un dictador… que representa algo… algo negativo…

DON ANSELMO
Bueno, vamos a ver, de acuerdo, yo conozco suficientemente esta opinión pública mundial, pero conozco también la opinión pública española, y sé que esa opinión pública española en parte, solamente en parte, coincide con lo que usted me dice, ¿eh?… y en otra parte está total y absolutamente en contra de esa opinión y de esa perspectiva. Totalmente. Pero somos nosotros, somos nosotros los que

3 **recomendar** aconsejar – 9 **dar la sensación** sentir, pensar que uc es de un modo – 11 **está** es – 13 **dudar** no saber qué hacer – 16 **Juan Carlos de Borbón** rey de España – 26 **coincidir** estar de acuerdo con uc

tenemos que decir efectivamente qué es lo que pasó y hasta qué punto realmente esa… ese tipo de afirmación es objetivo.

*Imágenes de algunos militares y muchos civiles en un desfile del 18 de julio haciendo el saludo fascista.*

MARTIN

Por ejemplo ahora se sabe que… que el bando de Franco ha matado a muchos más que se creía antes. Eso está cambiando.

*Imágenes de fusilados.*

DON ANSELMO

No comparto esa… No comparto ese dato. Me parece que eso no responde… Eso es lo que usted oye, seguramente. Sé que esto es lo que se oye porque…

MARTIN

No, eso es lo que he leído en libro de un historiador inglés, que es muy conocido, muy reconocido.

DON ANSELMO

Sí. Y ¿qué afirma este historiador?

MARTIN

Que… que el bando de Franco ha matado a cerca de 200 miles españoles.

*Imágenes de fusilados.*

DON ANSELMO

Esto es rigurosamente falso. Esto es rigurosamente falso.

MARTIN

Pero…

1 **efectivamente** realmente, verdaderamente – 2 **una afirmación** expresión que indica que una cosa es cierta – 6 **un bando** partido político – 6 **ha matado** mató – 7 **que se creía** de lo que se creía – 10 **compartir** participar en uc *aquí:* tener – 11 **responder** *a la verdad* tener relación con uc *aquí:* no ser cierto – 15 **reconocido** famoso, conocido por su buen trabajo – 17 **afirmar** decir que uc es cierta, asegurar uc ≠ negar – 19 **miles** mil

PONTUS
Pero si fuese así estamos hablando de un pequeño holocausto...

DON ANSELMO
Si fuera así, si fuera así, si fuera así. ¡Pero estoy diciendo: Esto es rigurosamente falso!

*En la cripta. MARTIN llama por teléfono al historiador militar inglés Anthony Beevor.*

MARTIN *(en inglés)*
¿Es Anthony Beevor?

ANTHONY BEEVOR *(en inglés)*
Sí, sí, al habla.
(...)

ANTHONY BEEVOR *(en inglés)*
Creo que estamos más cerca de la verdad. Aunque es probable que nunca se sepa toda la verdad. Y sobre los asesinatos de la derecha, como he dicho, hay 92.462 que han sido identificados y nombrados, y esto está basado en información de dos terceras partes de las provincias españolas. Pero además hay que añadir las fosas sin identificar, y las que se están abriendo, pero todo junto contaría cerca de 200.000 víctimas republicanas, comparándolas con las 38.000 víctimas de la derecha. ¿Qué cifra dice el abad?

MARTIN *(en inglés)*
50 000.

ANTHONY BEEVOR *(en inglés)*
Obviamente, lo que dice el abad de "rigurosamente falso" coincide más con sus números particulares.

8 **Anthony Beevor** (1946) historiador y escritor británico, investigador de crímenes de la Guerra Civil – 18 **nombrado** mencionado, dicho el nombre – 20 **añadir** decir una información más – 22 **comparar** vergleichen – 27 **obviamente** evidentemente, claramente – 28 **aplicable** empleado, utilizable, válido

*Dentro del monasterio.*

DON ANSELMO
¡Por favor, señor sueco, baje usted de la parra, baje usted del cielo, por favor!

MARTIN *(riendo)*
Sí, sí, pero explíqueme...

*Reunión y misa por Franco en la basílica del Valle de los Caídos.*

*Voces en off de gente:*

VOZ
¡Francisco Franco!

GENTE
¡Presente!

VOZ
¡Caídos por Dios y por España!

GENTE
¡Presente!

VOZ
¡Viva España!

GENTE
¡Viva!

*ANDRÉS INIESTA sobre la tumba de Franco.*

ANDRÉS INIESTA
¡Hijo de puta, no puedo decirle otra cosa! Que su madre sería muy buena, pero es un cabrón. Ya está. ¿Te parece poco? ¡Canalla! Hemos estado cuarenta años sin que saliera el sol, siempre de noche.

3 **bajarse de la parra** *loc* volver a la realidad – 3 **bajar del cielo** *loc* bajar de la parra – 23 **un hijo de puta** *vulg* Hurensohn – 24 **un cabrón** *vulg* Scheißkerl – 25 **un canalla** *coloq aquí:* Dreckskerl

*En el coche saliendo del Valle de los Caídos.*

MARTIN *(OFF)*
Sudáfrica, Ruanda, Alemania, otros países han tenido que pasar por procesos dolorosos para ajustar las cuentas con el pasado. O será como dice el padre abad, que hay algo en este asunto que no entendemos, por no ser españoles, que deberíamos bajarnos de la parra, simplemente.

*PONTUS, MARTIN y Andrés dentro del coche, en la carretera.*

PONTUS
Andrés

ANDRÉS INIESTA
Dime

PONTUS
¿Usted cree que se va a quedar ahí Franco o cree que lo van a sacar de ahí?

ANDRÉS INIESTA
Yo entiendo que lo van a sacar.

PONTUS
Que lo van a sacar, ¿verdad?

ANDRÉS INIESTA
Yo entiendo, para mí, que se lo van a entregar a la familia.

PONTUS
¿Verdad que sí?

ANDRÉS INIESTA
Para que lo tiren al río o donde quieran.

PONTUS
¿Lo van a mandar a El Ferrol, no?

17 **entender** *aquí:* creer – 21 **entregar** dar – 25 **tirar** lanzar (wegwerfen) – 27 **el Ferrol** ciudad gallega donde nació Franco

*El coche pasa por al lado de un camión que lleva un letrero: FERROL.*

PONTUS
¡Ahora mismo! ¿Has leído ese camión, lo que ponía? ¡Ferrol!

## Capítulo 8
## El abuelo de Mari Carmen

*El coche se acerca a La Puebla de Cazalla. MARTIN llama por teléfono a MARI CARMEN.*

MARI CARMEN
Dígame.

MARTIN
Hola Mari Carmen, soy Martin.

MARI CARMEN
Hola Martin, ¿qué pasa? Que aprobaron eso de los cuarenta mil euros. ¡Y muy contenta! Y ya está, ¡Y he sentido que me ha tocado la lotería! *(ríe)*

MARTIN *(OFF)*
Franco murió en la cama y España eligió el silencio, pero ya no aguanta más.

*Imágenes de debates en la televisión España 2007.*

HOMBRE 1 EN PROGRAMA DE TV
"... durante cuarenta años, la gente que perdió la guerra no ha tenido la menor reparación..."

MUJER EN PROGRAMA DE TV
"... no hay derecho, no hay derecho que en un país democrático estemos en estas, y resulta que en Alemania han

14 **aprobar uc** dar el permiso de uc – 14 **eso de** *aquí:* el subsidio (Subvention) – 16 **tocar** *la lotería* ganar – 19 **aguantar** resistir (aushalten) – 23 **una reparación** *aquí:* compensación por uc que han hecho a up

hecho, al fin, han hecho un examen de conciencia, y que en España no..."

*Imágenes de gente descolgando carteles con los nombres de los criminales fascistas en calles. Manifestaciones, disturbios callejeros, policía.*

*Otro programa de TV.*

HOMBRE 2 EN PROGRAMA DE TV
"... bueno, pues, nombres, que por ejemplo no hay en las calles alemanas o en las calles italianas, a nadie se le pasa por la cabeza que en Italia o en Alemania haya una calle dedicada a Goebbels, o una calle dedicada a Mussolini..."

*Un tercer programa de TV.*

HOMBRE 3 EN PROGRAMA DE TV
"...unos golpistas que estaban apoyados por aquellos demócratas se llamaban Mussolini y Hitler, a ver si vamos hablando con nombres y apellidos, porque aquí parece que, insisto, la historia es una historia de hadas, y que de pronto se empezaron a enfadar como niños y fuimos a la Guerra Civil."

*Imágenes de una exhumación, MARI CARMEN llega al lugar de las excavaciones.*

*Voces extraídas de otro programa de TV:*

VOZ DE HOMBRE 1
"...El Valle de los Caídos es la piedra angular, desde un punto de vista simbólico, del franquismo.

VOZ DE HOMBRE 2
¿Es el icono, no?

1 **un examen de conciencia** reflexión sobre uc que ha pasado – 3 **descolgar** ≠ colgar, bajar uc de un lugar donde estaba puesta – 4 **un disturbio** desorden – 5 **callejero** de la calle – 9 **pasarse uc por la cabeza** tener la idea, pensar uc – 11 **Goebbels**, Paul Joseph (1897-1945) ministro de propaganda de la Alemania Nazi – 14 **un golpista** up que participa en un golpe de Estado – 17 **insistir** repetir mucho uc – 17 **un hada** *ms* Fee – 21 **extraído** sacado, tomado – 23 **una piedra angular** base o pilar de uc

VOZ DE HOMBRE 1
Ese monumento se construyó para perpetuar la victoria de Franco. Desmontar los símbolos religiosos y volarlo de modo que la piedra de Guadarrama volviera a su seno.

*MARI CARMEN es entrevistada para las noticias de Andalucía sobre la exhumación.*

MARI CARMEN
... hacerle honores a mi abuelo, hacerle honores a mi padre. Y para mí es el final: encontrar a los nuestros y enterrarlos...

*MARI CARMEN se ve a sí misma en TV hablando frente a la cámara. ELLA, PONTUS, MARTIN y un grupo de personas brindan en la mesa.*

MARI CARMEN (EN TV)
... enterrarlos, darles un entierro digno.

*(MARI CARMEN en el cementerio. Exhumación en proceso.)*

MARI CARMEN
Son muchos sentimientos.

MARTIN
Sí.

MARI CARMEN
Aparte de remover la tierra, se remueven los sentimientos, ¿no? Y pienso muchas veces... es que son muchas cosas... si estuviera aquí mi padre, lo estuviera viendo... Entonces eso lo tenía él siempre muy presente, muy marcado, por eso me acuerdo y lo digo tanto. Porque esto es... esto es de él también. Aunque no esté aquí, pues también es de él. Es como algo que

2 **perpetuar** dar a uc larga duración, continuar uc en el tiempo – 3 **desmontar** quitar, ≠ montar – 3 **volar uc** *aquí:* hacer explotar – 4 *Sierra de* **Guadarrama** cadena montañosa (80 km de longitud) situada en las provincias de Madrid, Segovia y Ávila – 4 **un seno** *aquí:* lugar de origen – 8 **hacerle los honores a up** honrar (ehren) – 12 **brindar** hacer chocar los vasos para celebra uc (anstoßen) – 14 **un entierro** Beerdigung – 14 **digno** merecedor de uc (würdevoll) – 21 **aparte** además de – 24 **marcado** claro, que se nota

se termina y se cierra ya bien. Porque no se ha cerrado nunca bien.

MARTIN
La primera vez nos has dicho que sabes muy bien quién mató a tu abuelo.

MARI CARMEN
Sí.

MARTIN
Entonces, ¿quién era?

MARI CARMEN
Pues él que mató a mi abuelo, pues, un chaval con 19 años, que vamos a dejarlo estar porque… supongo que pagaría a su forma, ¿no?

*MARTIN y PONTUS sentados apoyados en el muro del cementerio de la Puebla al atardecer.*

MARTIN *(OFF)*
Así termina la guerra civil española. Para Mari Carmen y para mí.
En pueblo tras pueblo. Termina cuando gente como Mari Carmen pone su historia en orden.

MARI CARMEN
Pero como este país ha sido así: durante tanto tiempo tanto silencio, ahora lo más importante es recuperarles y darles un nombre y ya está. Y ahí se termina. Y pasar página. Ya está.

*MARI CARMEN se lleva los restos desenterrados de su abuelo en una caja.*

*MARI CARMEN y MARTIN en un globo sobrevuelan el Valle de los Caídos y la tumba de Franco.*

4 **has dicho** dijiste – 11 **un chaval** *Esp* chico, joven – 12 **dejar estar uc** no cambiar uc de su situación actual – 14 **apoyado** *aquí:* puesto el cuerpo sobre uc para que no caer – 19 **tras** después de – 23 **recuperar** volver a tener uc que se había perdido – 24 **pasar página** *loc* olvidar uc – 26 **una caja** recipiente de madera, plástico o metal para guardar uc – 27 **un globo** *aerostático* Ballon – 27 **sobrevolar** volar por encima de uc

MARI CARMEN *(antes de que parta el globo)*
¡Hasta luego hija!

HIJA
¡Adiós!

MARI CARMEN
¡Adiós! ¡Hasta luego!

MARTIN
¿Qué deberíamos hacer con Franco?

MARI CARMEN
Pues este señor tendría que irse a su Ferrol, con su familia. Ahí no se puede quedar. Que se lo lleven los suyos, igual que yo quiero al mío. Pues que se lo lleven los suyos a El Ferrol donde nació y allí que lo entierren.

MARTIN
Entonces Manuel España a Lantejuela y Franco a El Ferrol.

MARI CARMEN
Sí.

*Imagen final del Valle de los Caídos visto desde el globo.*

## CRÉDITOS FINALES:

La Ley de Memoria Histórica fue aprobada el 26 de diciembre de 2007 por el Senado español.

El Valle de los Caídos debe ser transformado en un museo sobre la represión.

Según la ley el Valle de los Caídos va a ser transformado en museo.

1 **partir** salir, ponerse en camino – 23 **una represión** acción violenta del poder para detener, castigar y controlar uc o a up

Lo único que ha cambiado en mayo de 2008 es el nombre: Valle de Todos los Caídos.

En una página web descubrimos que el padre de Don Anselmo fue asesinado por izquierdistas en 1936. Sus restos yacen en la cripta del Valle de los Caídos.

Felipe murió en el otoño de 2007. Los restos de su padre todavía no habían sido identificados.

El padre de Ampelio, el carpintero, fue identificado con análisis de ADN. Los restos han sido entregados a la familia.

Andrés Iniesta está escribiendo su segundo libro sobre la represión franquista.

## Una película de Martin Jönsson y Pontus Hjorthén

*Dedicada a Helmut Kirschey, Bengt Segersson, Gustav Gunnarsson y Kurt Levander, que lucharon por la libertad en España.*

Podéis marchar orgullosos.
Sois la historia. Sois la leyenda."

*La Pasionaria*

3 **descubrir** conocer, saber uc por primera vez – 9 **entregado** dado – 17 **orgulloso** → el orgullo = satisfacción personal (Stolz)

# Los autores y su obra

**Martin Jönsson** (1967)
**Carl Pontus Hjorthén** (1970)

**Producciones conjuntas:**

- *The Secret* [El secreto] (2009). STV Suecia; en la selección oficial del Festival de Cine de Estocolmo 2009.
- *Mari Carmen España - The end of silence* [Mari Carmen España - Final del silencio] (2008). Coproducida por SVT Suecia y WDR Alemania. Emitida además por los canales de televisión NRK Noruega, VPRO Holanda y RTV Eslovenia.

**Premios:**

- Premio del público en el festival Docúpolis de Barcelona 2009
- Nominada en 2009 en el festival FIPA de Biarritz.
- Mención especial del jurado en el festival de cine documental DOCSDF en la Ciudad de México en 2009.

**Martin Jönsson**

Licenciado en Periodismo por la Universidad de Gotemburgo en 1990.

Reportero para radio y prensa de 1990 a 1994. Fundador y editor de la revista filosófica *Äcklet* (La náusea) de 1992 a 1998. Músico en el metro de París de 1986 a 1987.

De 1994 a 2002 reportero y redactor de televisión en TV4.

2003-2006 periodismo de investigación: reportero y redactor de televisión para importantes programas dedicados al periodismo de investigación en Suecia como Uppdrag granskning en el canal SVT1 y Kalla Fakta en TV4.

Desde 2006 hasta la actualidad: productor, director y reportero independiente.

Autor de *Playing with fire* [Jugando con fuego], (2008). Canal de televisión TV4 Suecia.

**Carl Pontus Hjorthén**

Se dio a conocer en televisión como actor infantil debutando como bebé recién nacido en Hem till Byn, la serie de televisión más duradera de la historia que se emitió en el canal SVT de 1971 a 2006.

Licenciado en Lengua y Fonética Española por la Universidad de Gotemburgo, Suecia.

Escritor y periodista para dos de los periódicos más importantes de Suecia, el Göteborgs-Posten y el Dagens Nyheter.

Autor de *Impact-tv* (1999) Guion para el cortometraje.

Director, escritor y albañil; vive en Granada (España) desde 1997.

# Abreviaturas y símbolos

| | | |
|---|---|---|
| *aquí:* | = | señala un significado específico de la palabra en el contexto |
| *coloq* | = | coloquial |
| *desp* | = | despectivo |
| *Esp* | = | peninsularismo, expresión del español de la Península Ibérica |
| *etw* | = | etwas |
| *f* | = | femenino |
| *fig* | = | lenguaje figurativo |
| ger | = | gerundio |
| inf | = | infinitivo |
| *ingl* | = | expresión en lengua inglesa |
| *interj* | = | interjección |
| *loc* | = | locución, giro idiomático |
| *m* | = | masculino |
| *p ej* | = | por ejemplo |
| *pl* | = | plural |
| *s* | = | singular |
| *uc* | = | una cosa, algo |
| *up* | = | una persona, alguien |
| *vasc* | = | expresión en idioma vasco |
| *vulg* | = | expresión vulgar |
| ≠ | = | contrario de |
| → | = | remite a una palabra ya conocida |